O Mito e o Herói no Moderno Teatro Brasileiro

Coleção Debates
Dirigida por J. Guinsburg

Equipe de Realização – Organização: Nanci Fernandes; Produção: Ricardo W. Neves e Sergio Kon.

anatol rosenfeld
O MITO E O HERÓI NO MODERNO TEATRO BRASILEIRO

PERSPECTIVA

CIP-BRASIL. CATALOGAÇÃO-NA-FONTE
SINDICATO NACIONAL DOS EDITORES DE LIVROS, RJ

R726m

    Rosenfeld, Anatol, 1912-1973
      O mito e o herói no moderno teatro brasileiro / Anatol Rosenfeld. - [2.ed.]. - São Paulo : Perspectiva, 2012.
    (Debates ; 179)

    ISBN 978-85-273-0083-4

    1. Teatro brasileiro - Séc. XX - História e crítica. 2. Heróis na literatura. I. Título. II. Série.

12-6769.   CDD: 869.92
                                                                     CDU: 821.134.3(81)-2

18.09.12   02.10.12
039199

2ª edição – 1ª reimpressão
[PPD]

Direitos reservados à
EDITORA PERSPECTIVA LTDA.

Av. Brigadeiro Luís Antônio, 3025
01401-000 – São Paulo – SP – Brasil
Telefax: (0--11) 3885-8388
www.editoraperspectiva.com.br

2019

SUMÁRIO

Prefácio 7

1. Heróis e Coringas 11
   1. *A Poética de Boal* 11
   2. *Discussão do Sistema* 18
   3. *O Herói e o Mito* 24

2. O Herói Humilde — O Herói e o Teatro Popular 41

3. A Obra de Dias Gomes 55

4. O Misticismo Popular na Obra de Dias Gomes 87

5. Visão do Ciclo — Estudo da Obra de Jorge Andrade ... 101

PREFÁCIO

Ao longo de seu trabalho como crítico teatral, Anatol Rosenfeld sempre se ocupou e se preocupou com o problema do herói, tendo procurado detectar, incessantemente, a possibilidade da emergência do herói na dramaturgia moderna.

Vêm-nos à mente, a propósito, as discussões havidas em seu curso de Estética, na especialização de Dramaturgia da antiga Escola de Arte Dramática de Alfredo Mesquita. Sempre fomos instigados a convencê-lo da possibilidade da existência do herói em nosso teatro atual. A colocação de Anatol Rosenfeld era a de que o herói, tal como concebido por Hegel — isto é, o herói do teatro clássico — não tinha condições de existir numa transposição, para o palco, da realidade contemporânea. Se possibilidade houvesse de construir tal herói, a única alternativa possível, caso existisse, seria em termos de reformulação do herói viável de nossos tempos.

Ao se partir da perspectiva de re-construção desse tipo de herói contemporâneo, como deveria ser ele? Quais as características que deveria ter para que, afora representar a saga de herói, ao mesmo tempo ele nos falasse de sua realidade moderna? O assunto é complexo e envolve debates sob variados ângulos. Anatol Rosenfeld nos lançou o desafio desde suas primeiras aulas. Havia, naturalmente, os que eram a favor e os que eram contra. Vasculhávamos a dramaturgia nacional em busca de personagens representativos desse "herói" possível, construído em meio à nossa realidade. Nunca, porém, chegamos a qualquer resultado animador. A impossibilidade de re-construção do herói moderno sobrepassou a morte do grande mestre.

No conjunto de seus trabalhos voltados para o teatro brasileiro, pareceu-nos interessante compor, ao longo de um livro, ensaios que têm, subjacente ou mesmo primordialmente, a intenção de pesquisar o tema.

Assim é que, nos dois ensaios excelentes que Rosenfeld fez para o trabalho de Augusto Boal, o problema do herói lastreia suas observações à teorização que Boal levou a efeito, quando da criação de um plano visando não só a renovação do aspecto cênico-teatral, mas também dramatúrgico do Teatro de Arena. Lembre-se que a experiência de Augusto Boal e Gianfrancesco Guarnieri foi marco importante na história do teatro brasileiro da época. Seria impossível, hoje em dia, abstrairmos essa experiência, tanto em termos de continuidade, quanto de representatividade. Se a continuidade foi ceifada por questões alheias ao movimento teatral em si, a representatividade é indiscutível. No que se refere à influência dessas experiências no movimento geral posterior de nosso teatro, ao emergirmos de anos de censura e bloqueio cultural, ainda estão por reatar-se alguns dos fios do fenômeno teatral mais fecundo e vanguardista.

Na experiência do Arena perseguiu-se explicitamente a desmistificação do herói no debate de dois fatos históricos: o reconto do episódio de Quilombo dos Palmares (*Arena conta Zumbi*) e da Inconfidência Mineira (*Arena conta Tiradentes*). Nessas peças o herói foi fundamental à trama das peças e aos objetivos do encenador: aos valores do herói, em meio à "sua" realidade, contrapôs-se nosso universo crítico e atual. Os resultados, segundo Rosenfeld, foram duvidosos: o herói hegeliano, clássico, de uma época mítica, esfacelou-se no universo crítico a ele contraposto. O herói levado às últimas conseqüências encaixa-se num teatro poético, nunca porém num teatro que vise analisar a realidade contemporânea, dentro de sua historicidade.

Várias são as peças nacionais citadas por Rosenfeld em que se poderia tentar detectar nosso herói representativo. Desnecessário dizer que todas elas não são tragédias na sua acepção clássica, algumas sendo mais bem-sucedidas que outras. Dentre elas, algumas estão na obra de Dias Gomes e Jorge Andrade. Após os comentários de Anatol Rosenfeld sobre a Poética de Boal, a idéia a nortear a organização do livro foi exemplificarmos a pesquisa e o estudo sistemático da obra desses dois autores na obra de Rosenfeld.

No conjunto da obra estudada, até o falecimento de Anatol Rosenfeld em 1973, estes dois dramaturgos têm como analogia uma unidade fundamental: eles se posicionaram, em seu trabalho, social e politicamente. Ambos propõem uma visão crítica de nossa realidade, cujo empenho básico resulta da busca de valores humanos mais justos política e socialmente falando.

Tendo como pano de fundo o agreste baiano, o subúrbio carioca, o interior de Minas ou São Paulo, ou ainda as cidades de São Paulo ou Rio de Janeiro, ambos conseguiram, indubitavelmente, materializar em sua dramaturgia personagens belos, riquíssimos em termos dramáticos. No decorrer de sua análise, sistematicamente Rosenfeld perscruta os aspectos heróicos desses personagens. À visão nordestina de um, permeada de aspectos místicos, contrapõe-se a visão tradicionalista do outro. Os dois, porém, preocupados essencialmente com a busca, seja de nossas raízes, seja do nosso homem representativo, ainda que ambientado em épocas mítico-históricas.

Permeando os ensaios que compõem este volume, uma pergunta sempre transparece: é viável a existência do herói na nossa sociedade contemporânea? Talvez a posição de Rosenfeld fique visível quando ele refere, no estudo sobre a obra de Dias Gomes, o que diz o coro de *O Berço do Herói*: "Morreram todas as personagens da tragédia universal ante o advento do herói-definitivo: o deus-botão, o deus-comutador".

Ao lermos as ponderações de Anatol Rosenfeld, vem-nos à memória seu olhar matreiro a perguntar-nos: "Já que o herói nos moldes hegelianos não é possível, quais as características do herói representativo de nossa época? Vocês podem me descrever esse herói, vocês podem me oferecer esse herói?"

A título de contribuição a tão fascinante pesquisa, oferecemos aos interessados as ponderações inteligentes e eruditas de um homem fascinado pelo teatro e – para gáudio e proveito nosso – pelo teatro brasileiro em particular.

Nanci Fernandes

1. HERÓIS E CORINGAS

1. *A Poética de Boal*

A meta da teoria

O êxito de *Arena conta Zumbi* e *Arena conta Tiradentes* reveste-se de considerável importância para o teatro brasileiro. As duas peças não são criações isoladas, resultados de improvisações, inspirações ou idéias casuais. Obedecem a um plano longamente pensado. Ambas as peças baseiam-se ou foram acompanhadas de considerações teóricas amplamente expostas por Augusto Boal[1]. O pensamento de Boal é uma elaboração livre

---

1. AUGUSTO BOAL, GIANFRANCESCO GUARNIERI. *Arena conta Tiradentes*. Introdução de Boal, São Paulo, Livraria Editora Sagarana, 1967. Todas as citações de Boal referem-se a este volume.

e original de concepções sobretudo brechtianas. As idéias expostas destinam-se a fundamentar um teatro que tenha eficácia para o público brasileiro e, mais de perto, para o público do Teatro de Arena eficácia no sentido do acerto social deste teatro, isto é, da "humanização do homem". A teoria visa a possibilitar a criação de um teatro brasileiro que vá além da atitude contemplativa, já que a humanização do homem é um "fato concreto de condições e direções de vida, no sentido de uma sociedade que se desaliene progressivamente e aos saltos" (pp. 45/46). O esforço fundamental da reflexão parece destinar-se a desenvolver um teatro didático capaz de interpretar a realidade nacional, enquanto a comunicação se verifique simultaneamente em termos crítico-racionais e fortemente emocionais, possibilitando ao mesmo tempo o distanciamento e a empatia com o mundo representado. Esta empatia afigura-se a Boal indispensável para que a platéia não perca o contato emocional imediato com o personagem focal e sua experiência não tenda a reduzir-se ao conhecimento puramente racional (p. 38); ou seja, para que a comunicação não suscite apenas uma atitude contemplativa e sim um comportamento ativo. Embora pareça, Boal não se afasta, no tocante à empatia, das concepções brechtianas essenciais, apesar de lançar mão de recursos diferentes e de se esforçar conscientemente por integrar, dentro de um contexto artístico moderno, elementos estilísticos do teatro tradicional. O esforço de não negar conquistas do passado — ao contrário do que ocorre muitas vezes nas vanguardas — deve ser destacado. Impõe-se analisar a eficácia da teoria enquanto vise a uma interpretação crítica da realidade e a sua comunicação vigorosa, teatral, ativante, no âmbito das condições concretas do Teatro de Arena, do seu público e do momento histórico.

Quatro técnicas fundamentais

Na fase de *Zumbi* elaboraram-se, segundo a exposição de Boal, quatro técnicas básicas.

a) Desvinculação ator/personagem

Conforme a técnica tradicional, cada ator representa um só personagem com que procura identificar-se ao máximo, havendo tantos atores quanto personagens. Nos moldes da nova poética, alguns poucos atores, alternando entre si a interpretação dos personagens, desempenham todos os papéis, por maior que seja o seu número. Não vem aqui ao caso indagar se Boal tem razão ao afirmar que "assim nasceu o teatro" (na Grécia) e que "para isso" se utilizavam máscaras, isto é, para que o público, através delas, identificasse o personagem apesar da variação dos atores. Fato é que essa desvinculação é antiga, ainda que as razões possam variar. Também modernamente foi usada, por exemplo, por Brecht na peça didática *A Decisão*, com o objetivo específico de evitar a identificação demasiada entre ator e personagem e de facilitar a interpretação crítica do último.

Tanto em *Zumbi* como em *Tiradentes* tal processo foi usado por várias razões, sobretudo a de se extinguir a influência que "sobre o elenco tivera a fase realista anterior, na qual cada ator procurava exaurir as minúcias psicológicas de cada personagem" (p. 25), ao qual se dedicava com exclusividade. "Em *Zumbi* cada ator foi obrigado a interpretar a totalidade da peça e não apenas um dos participantes dos conflitos expostos" (p. 25). Tal desempenho é "épico", isto é, narrativo. O narrador, que narra uma estória qualquer aos seus ouvintes presentes, é, por assim dizer, um único "ator" que desempenha os papéis de todos os personagens da estória. Evidentemente não pode ir muito longe da caracterização individual de cada personagem. Não lhe cabe "ser" integralmente cada um, visto funcionar como o narrador de todos. Empregada no teatro, a técnica impede a diferenciação excessiva de cada papel. O personagem é marcado por uma espécie de "máscara" esquemática (comportamento, indumentária, adereços especiais) que, em vez de encobrir os diversos atores como ocorria na Grécia, deve "transparecer" através da variedade dos comediantes que já não "encarnam" o papel, mas são portadores e "narradores" dele. O caráter tenderá a ter, por isso, traços típicos, tornando-se, mais que indivíduo, representante de um grupo. Assim, em *Tiradentes*, Gonzaga com sua rosa e traje especial, passa a ser o representante do intelectual sofisticado, entregue a uma retórica pouco realista. Supõe-se que tal tipo de representação desvinculada favoreça a apreciação crítica do público, visto ela impedir a intensa identificação emocional.

b) Perspectiva narrativa una

A desvinculação teria a vantagem (para o elenco do Arena) de todos os atores se agruparem em uma única perspectiva de narradores. Assim o espetáculo passaria a ser contado por toda uma equipe: nós, o Arena, vamos contar uma estória, segundo um nível de interpretação coletiva.

c) Ecleticismo de gênero e estilo

Do sistema faz parte o emprego, numa só peça, de recursos característicos da farsa, do melodrama, da telenovela etc., assim

13

como de elementos estilísticos realistas, expressionistas, surrealistas etc. É um princípio de montagem típico da arte e do teatro modernos, freqüente em Brecht, Duerrenmatt e outros autores. Em *Tiradentes* opõem-se fundamentalmente estilos de desempenho "teatralistas", que não visam à ilusão da realidade, acentuando o teor de "teatro", a um estilo que se esforça por ser naturalista, o do herói Tiradentes, personagem que por isso mesmo é quase sempre representado pelo mesmo ator vinculado (David José).

d) O uso da música

Este uso enquadra-se nos estilos e técnicas mencionados (menos no estilo naturalista), todos eles decorrentes de uma concepção épica do teatro.

A função das quatro técnicas

Segundo Boal, o uso das quatro técnicas destina-se a sintetizar as duas fases anteriores do desenvolvimento artístico do Arena: *a)* a fase realista, ocupada com detalhes e singularidades da vida brasileira e exposta ao perigo de, devido à mera reprodução da realidade empírica, particular, deixar de analisá-la e interpretá-la em profundidade, como cabe à arte enquanto concebida como forma de conhecimento e *b)* a fase da nacionalização dos clássicos (Molière, Lope etc.), dedicada, ao contrário, a idéias universais, a "tipos" vagamente postos em referência com a vida brasileira, daí decorrendo outro perigo, oposto, o de o universal ficar "flutuando" por sobre o Brasil, sem o impacto imediato que se espera da informação estética.

A síntese deveria resultar na união do singular/particular e do típico/universal, isto é, no "particular típico" (p. 27). Boal não pretende que essa síntese tenha sido atingida (pelo menos em *Zumbi*), mas acredita que o "universal", o mito de Zumbi, com sua estrutura de fábula, não deixou de se associar ao particular, manifesto através de dados jornalísticos, discursos etc., mercê dos quais se aproveitaram fatos recentes da vida nacional, de modo a se tecerem analogias entre a fábula mítica e o momento histórico atual. "A junção dos dois níveis era quase simultânea, o que aproximava os textos dos particulares típicos" (p. 28). Boal não o diz, mas deve-se supor que essa junção do típico (mítico) e do singular (isto é, dos dados empíricos da história atual, extraídos de discursos e recortes de jornais) satisfaça a exigência de tornar a arte em forma de conhecimento. Deve-se supor ainda que, graças a essa junção, se obtenha não só a reprodução da realidade, mas a sua análise e interpretação em termos não puramente racionais, mas de plena comunicação estética (p. 38).

O sistema do Coringa

É com o sistema do Coringa que a teoria de Boal se afasta parcialmente da de Brecht. Este provavelmente não teria concordado com a separação e junção um tanto mecânica de nível típico e particular, oposição não muito congruente. Somente agora, após a fase de destruição de convenções, a teoria passa a estabelecer novas convenções: somente agora se firma a idéia, antes apenas sugerida, de inserir sistematicamente, dentro do teatro épico, novos elementos fortemente empáticos, através de uma *faixa naturalista fundamental*, no desejo expresso de não cair na negação unilateral da tradição (negação típica das vanguardas) e de recolocar no seu lugar clássico o "herói mítico" da história teatral: herói entendido não apenas como foco de interesse e personagem central, que pode ser perfeitamente medíocre ou mesmo anti-herói, mas como grande personalidade, indivíduo excepcional, modelo, super-homem, inspiração nacional, mito.

O Coringa como tal é sobretudo o comentarista explícito e não-camuflado. "Paulista de 1967" (p. 31), entra em confabulação com o público, mantendo-se mais próximo deste que dos personagens de quem, em última análise, é o narrador. Como tal, faz também a exegese da fábula que os personagens vivem. É dele e da projeção da peça a partir da perspectiva dele que provém a unidade que ameaça perder-se numa "peça de farrapos", montagem de cenas estilisticamente díspares (p. 33). O Coringa, evidentemente, pode assumir todas as funções no decurso da peça.

A função "protagônica"

Essencial ao sistema — que estabelece novas convenções duradouras, novas e permanentes regras de jogo, por mais variadas que sejam as jogadas — é, além da função coringa, basicamente brechtiana, a função protagônica que apresenta a realidade mais concreta (fotográfica). Como tal, ela se opõe à função Coringa que se atém a uma abstração mais conceitual. "Entre o naturalismo fotográfico de um, singular, e a abstração universalizante do outro, todos os estilos estão incluídos e são possíveis" (p. 33). A função protagônica exige, pelo exposto, a vinculação ator/personagem, a interpretação naturalista, stanislavskiana. "O espaço em que (o protagonista) se move deve ser pensado em termos de Antoine" (p. 37), o grande diretor naturalista. De acordo com isso, o ator protagônico (no caso de *Tiradentes* o ator David José) deve ter a consciência somente do personagem e não dos autores: isto é, ele é um ator plenamente "dramático" e não "épico", pois este deve (ou deveria) ter dois horizontes, o menor do personagem e o maior dos autores, manifesto graças ao jogo do ator que se distancia do personagem, criticando-o. A vivência do papel por parte do ator protagônico "não se interrompe nunca, ainda que simultaneamente possa estar o Coringa analisando qualquer detalhe da peça: ele continuará sua ação 'verdadeiramente' como (se fosse) personagem de outra peça (peça naturalista) perdido em cenário teatralista" (p. 37; os parênteses são nossos). É o princípio da montagem levado ao extremo, parecendo quase tratar-se de uma colagem neodadaísta: um pedaço naturalista, ilusionista, contraposto a outro, de teor épico de teatro teatral, não ilusionista; um pedaço cênico dotado da "quarta parede" do naturalismo, com desempenho stanislavskiano, dentro da moldura do espaço e tempo fictícios das Minas Gerais de Tiradentes, contraposto a um pedaço cênico sem a moldura do palco tradicional, sem a quarta parede, no espaço e tempo empíricos do Coringa, paulista de 1967, porta-voz do autor que fala à platéia e comunga com ela da mesma realidade atual. Semelhante colagem, em termos tão radicais, não ocorre no teatro de Brecht. O desempenho brechtiano não estabelece a quarta parede naturalista (com o ator desempenhando como se não houvesse público mas uma quarta parede que o separa da platéia); cria uma comunicação constante entre ator e público ou estabelece transições entre espaços e tempos mais ou 'menos fictícios e mais ou menos reais.

A empatia

A meta imediata da função protagônica, dentro do sistema Coringa, é reconquistar para o personagem assim distinguido, da forma mais plena possível, a empatia; esta, porém, contraposta à exegese crítica e "resfriadora" do Coringa e a outros elementos distanciadores. Deve-se acrescentar, no entanto, que a palavra "reconquista" só em termos pode ser referida a Brecht. Este nunca eliminou a empatia, mas apenas a atenuou e a pôs a serviço do raciocínio. Evidentemente, nunca considerou a mera emoção como fim último do espetáculo mas, ainda assim não deixou de usá-la e considerá-la como elemento teatral indispensável. Sem certa empatia ou identificação com o personagem não pode haver distanciamento, nem por parte do ator, nem por parte do público. O bom espetáculo (e mesmo o mau, conforme o público) sempre suscita certa participação emocional.

Não se pode concordar com Boal quando diz, de um modo equívoco, que a empatia em si não é um valor estético (p. 38). Ela certamente não o é, porque o valor estético reside na obra e não na apreciação. Mas ela o é, num sentido figurado, na medida em que indica na obra (ou no espetáculo) a presença de certos valores estéticos básicos (por vezes "baratos" e duvidosos) que produzem a empatia.

O Coringa

Face à função protagônica a do Coringa é, como vimos, teatralista, criadora de "realidade mágica". "Para lutar usa arma inventada, para cavalgar inventa o cavalo, para matar-se crê no punhal que não existe" (p. 38). O Coringa pode substituir qualquer ator da peça, em caso de extrema necessidade até o protagônico. O Coringa é, explicitamente, comentador, *menneur du jeu, raisonneur*; é o narrador da peça. Como tal é onisciente, a não ser que entre na pele de um personagem particular: neste caso adquire tão-somente a consciência de cada personagem que interpreta (p. 39). Não é bem claro se a partir daí se deve concluir que todos os personagens (respectivamente os atores que no momento os representam) — e não apenas o protagonista — têm só a sua própria consciência restrita. Isso significaria a negação do desempenho brechtiano em que o ator tende a marcar sempre dois horizontes de consciência, o amplo do autor/narrador e o restrito do personagem. Tal posição contradiria a tese antes exposta de que todos os atores devem agrupar-se em uma única perspectiva de narradores (excetuando-se o protagônico); significaria, pois, o abandono de certas teses de *Zumbi*. De resto, não se entende bem por que o Coringa, sendo narrador onisciente, não possa ter a consciência e o conhecimento possível aos inconfidentes do século XVIII (p. 39). Sendo o Coringa o criador mágico de tudo, decorre que todos os personagens são suas criaturas, devendo ele conhecê-los de dentro e de fora. O Coringa não é historiador que conhece as personalidades históricas só de fora; representa o autor de uma obra fictícia (embora baseada em dados históricos) e como tal transforma as pessoas históricas reais em personagens de quem conhece os segredos mais íntimos, já que são suas criações. Só se o Coringa renunciasse formalmente à sua onisciência seria possível fingir que não conhece os motivos e a consciência íntima dos inconfidentes. Mas essa renúncia, muito usada no Teatro do Absurdo e no romance moderno, seria por sua vez fictícia.

O fato, porém, é que os narradores de *Tiradentes* conhecem os seus personagens muito bem. São eles que os fazem revelarem-se, no seu cinismo explicitamente articulado, muito além do que permitiria a consciência dos personagens. Chegam a dar a alguns deles uma consciência de sociólogos modernos; tal consciência, evidentemente, não é deles e sim dos narradores oniscientes.

Reunindo a função Coringa (épica) e a função protagônica (dramaticidade naturalista), o sistema realiza "a síntese dos dois métodos fundamentais do teatro moderno — Stanislavski e Brecht unidos com o propósito de se vivenciar uma experiência e ao mesmo tempo comentá-la para o espectador"[2]. Ou como diz o próprio Coringa, em *Tiradentes*: "O teatro naturalista oferece experiência sem idéia, o de idéia, idéia sem experiência" (p. 60). A síntese, mercê do novo sistema, seria a idéia tornada experiência, a vivência tornada idéia.

2. *Discussão do Sistema*

A aplicação do sistema a Tiradentes

O sistema, que deve funcionar como estrutura e convenção permanente de peças e enredos variados (mesmo não concebidos de acordo com ele), foi aplicado pela primeira vez, plenamente, em *Arena conta Tiradentes*. É o Coringa, isto é, o Teatro de Arena (ou os autores e atores) que narra o caso à sua maneira, procurando analisar e interpretar um movimento libertário que, contando embora com condições para ser bem-sucedido, fracassou fragorosamente. O sistema permite usar uma perspectiva amplamente crítica e manipular livremente o material histórico. Permite selecionar os momentos de valor analógico, referindo-os à atualidade (correspondências com os últimos governos, com os intelectuais esquerdistas, com o imperialismo etc.), sem ater-se a uma estrutura dramática rigorosa, aristotélica. De um modo geral obtém bons resultados na interpretação didática da realidade. O caso histórico, depurado de dados psicológicos e pormenores (talvez) supérfluos, é reduzido a uma fábula simples, espécie de "modelo" aplicável a casos contemporâneos específicos que, por sua vez, lançam uma luz sobre a Inconfidência. Graças ao Coringa ressalta a visão crítico-irônica de "revolucionários" divididos por interesses egoístas diversos, de intelectuais "festivos", vivendo numa

2. SÁBATO MAGALDI. Arena conta Tiradentes, Supl. Literário de *O Estado de São Paulo*, n.º 534 (1/7/67).

torre de marfim ou dedicados a conspirações palacianas, afastados do povo, sem saberem lidar com os problemas duros da *praxis*. De uma forma geral, o sistema parece funcionar bem, particularmente no nível do Coringa, do distanciamento, da crítica e do didatismo, embora se possa divergir da interpretação dada à realidade histórica e conceber um aproveitamento mais amplo, agudo e profundo do Coringa, na análise da realidade. Pode-se admitir que a simplificação extrema seja necessária para chegar a um modelo analógico aplicável a circunstâncias atuais.

Bem de acordo com Brecht é mostrada a "evitabilidade" do fracasso e da morte de Tiradentes. Nenhuma "fatalidade" impôs o triste fim (não dizemos "fim trágico" porque a peça, além de manter-se estilisticamente distante da tragédia, cuida precisamente de frisar a "exorabilidade" não-trágica). O fracasso decorrente dos erros crassos, perfeitamente evitáveis, dos inconfidentes.

Não é tão grande, porém, o êxito no nível da função protagônica, isto é, do herói Tiradentes, da empatia, da emoção em face da morte do herói; emoção de que participa o próprio Coringa, renunciando ao distanciamento no instante em que o espetáculo, depois de ter mostrado todas as "evitabilidades", apresenta o "inevitado", o fracasso. Não é que não haja emoção, nem se trata de medir as emoções subjetivas, variáveis, do público. Importa discutir aparentes contradições e ambigüidades objetivas do sistema e em particular da função protagônica, sem que essa crítica atinja necessariamente a peça. Esta resiste, no seu todo, a certas teses que inspiram dúvidas. As observações que em seguida serão expostas baseiam-se na convicção do valor e da viabilidade fundamental do sistema. A poética de Boal, no seu todo, inspira admiração pela riqueza de idéias e pela seriedade com que foram repensados problemas essenciais do teatro e em especial do teatro brasileiro. Não há dúvida que Sábato Magaldi tem razão ao acentuar que o sistema é a mais inteligente formulação jamais elaborada por um encenador brasileiro[3].

O problema das técnicas

Cabem de início algumas dúvidas a respeito da desvinculação ator/personagem; dúvidas que naturalmente não atingem a vantagem financeira de com poucos atores se poderem representar muitos personagens. A eficácia econômica é indiscutível;

3. *Idem.*

não tanto, talvez, a estético-teatral — para não falar da possível insatisfação dos atores, seres humanos que dificilmente abdicam da veleidade de representar integralmente um "bom papel".

No caso de *A Decisão* — exemplo de Brecht aduzido por Boal — os camaradas revolucionários que vão à China são realmente "anônimos", intercambiáveis. Este fato é o próprio tema da peça. O revolucionário "romântico" da peça tem feitio de "herói" e não quer "apagar" a sua face; tem atitudes bem pessoais. Por isso tem de ser "apagado". A desvinculação é, portanto, tematicamente justificada e a grande simplicidade da peça a permite sem dificuldade. Ademais, ela se verifica apenas na peça dentro da peça. Já em *Tiradentes*, no caso de personagens tão marcantes como Gonzaga, Silvério ou Alvarenga, a necessidade *estética* de tal desvinculação não se evidencia. A crítica dos personagens, já em si produzida pelo cunho caricato imprimido a eles, poderia ser reforçada pelo jogo distanciador de cada ator vinculado. A freqüente e rápida troca dos atores que representam o mesmo papel tende a confundir por vezes o público e dispersar-lhe a atenção. A técnica, econômica para as finanças do teatro (razão suprema, irrefutável), sê-lo-á também para as energias do público? Uma parcela da atenção do público é gasta para identificar os personagens.

Ainda assim, o experimento é valioso e a aplicação permanente da técnica, talvez em termos mais ponderados, certamente criará hábitos de apreciação adequados. É interessante que tenha havido ao menos dois Gonzagas bem diversos nas representações excelentes de Guarnieri e de Jairo Arco e Flexa, aquela mais caricata, esta mais condizente com a imagem de um grande intelectual.

Quanto ao argumento de que, graças à desvinculação, todos os atores, agrupados numa só perspectiva de narradores, apresentam uma "interpretação coletiva", poder-se-ia perguntar se esse processo beneficia o público em grau tão alto como o elenco e se não seria mais sábio reservar a desvinculação aos ensaios (Brecht adotou processos semelhantes nos ensaios). Convém anotar também que todo elenco homogêneo e espetáculo valioso resultam, mesmo sem desvinculação, de uma interpretação coletiva, cujo inspirador principal (mas não exclusivo) costuma ser o diretor.

O problema do estilo naturalista

Entretanto, não é sem perplexidade que se toma conhecimento da intenção naturalista da função protagônica (referida ao herói Tiradentes). O próprio Boal confessa a sua surpresa ao afirmar que o naturalismo funciona no Arena (p. 15). O fato, contudo, é que este tipo de representação não vinga bem num teatro de arena, particularmente neste, de dimensões muito exíguas; é dificílimo criar ali a plena ilusão da realidade (na medida em que se pode falar de "plena" ilusão). Precisamente o *long shot* do palco tradicional, à italiana, permite uma ilusão relativamente mais completa e é para este fim que esse palco foi criado a partir do Renascimento. Os argumentos de Boal — o *close up*, o café é cheirado pela platéia, o macarrão é visto em processo de deglutição — não convencem; é muito mais o *ator* e menos o *personagem* que se vêem bebendo, comendo, transpirando. A proximidade demasiada tende a sobrepor o ator ao personagem. A visão inevitável do público das fileiras opostas impede desde o início uma empatia constante e muito intensa, indispensável à máxima ilusão naturalista. Para este efeito antinaturalista contribuem os cenários teatralistas que apenas sugerem o ambiente, assim como os outros elementos do Arena (refletores à vista, passagem dos atores entre o público) que acentuam o caráter do espetáculo como espetáculo. O canto, em teatro declamado, é outro fator teatralista.

A colagem

É duvidoso se, pelo menos no Teatro de Arena, é possível, com bom rendimento, a colagem de vários estilos, mormente do naturalista e do teatralista. Essa colagem faz entrechocarem-se vários espaços e tempos, no caso quase sem nenhum apoio cenográfico. O jogo intrincado depende quase só do apoio de roupas e adereços para ressaltar a função protagônica. Ademais, a própria conformação da arena dificulta um desempenho naturalista, isto é, "dentro da moldura" do palco, ou seja um jogo que não tenha nenhuma direção ao público (ou a uma parte dele). As canções, cantadas também pelo protagonista, tendem a ter sempre direção ao público, rompendo, pois, a moldura cênica.

Boal, aliás, tem plena consciência de quanto exige do público: "Ao vê-lo (o ator protagônico), deve a platéia ter sempre a impressão de quarta parede ausente, ainda que estejam ausentes também as outras três" (p. 37/38). Isso, já em si um tanto difícil no pequeno círculo da arena, torna-se quase impossível diante da eventual presença do Coringa dirigindo-se à platéia, derrubando, portanto, as paredes enquanto o ator protagônico e o público se esforçam ao mesmo tempo por construí-las imaginariamente. Boal, de fato, exige do seu público muito mais que Shakespeare do seu. Este, com seu palco quase sem cenografia, pelo menos se apoiava no estilo mais ou menos homogêneo da cena elisabetana, ao passo que o público atual tem que haver-se todo dia com outro estilo e concepção cênicos, visto não freqüentar somente o Teatro de Arena.

Que o naturalismo do ator protagônico não pode funcionar plenamente, verifica-se pela cena eqüestre de *Tiradentes*. Uma vez que David José, ator protagônico, teria que usar, naturalisticamente, um cavalo real — coisa pouco recomendável — entra em seu lugar o Coringa (Guarnieri), usando parte da indumentária (máscara) de Tiradentes e fazendo a pantomina assaz cômica e distanciadora de quem anda a cavalo (momento pouco adequado a um herói mítico). Já a cena do enforcamento forçosamente tem de ser do próprio ator protagônico, mas, ainda assim, não há (e não pode haver no Arena) nenhuma montagem naturalista, nenhum esforço sequer de ir além da encenação teatralista. O enforcamento é apenas sugerido, bem à semelhança da cena eqüestre.

O mito naturalista

Mais paradoxal ainda afigura-se outro problema. O ator protagônico, pelo menos na peça *Tiradentes*, é um "herói mítico", isto é, representa a faixa universal, típica, justaposta à faixa particularizadora que forçosamente deve corresponder ao Coringa, paulista de 1967. A junção dos dois níveis, como vimos acima, deveria resultar no "particular típico". Mas precisamente o nível universal (mítico) deve ser representado pelo estilo naturalista, isto é, um estilo que visa ao detalhe, à minúcia (p. 37), ao passo que o nível singular/particular da atualidade pertence ao Coringa, cuja função é precisamente "a abstração mais conceitual" (p. 33). Nada indica que essa contradição tenha sido proposta para fins "dialéticos"*.

---

* Não é bem claro, na teoria, o que, no caso, interpreta o que, e o que contribui para a comunicação eficaz. O mito (o típico) interpreta a nossa realidade particular, atual, ou esta o mito? Ou ambos se interpretam mutuamente? O impacto estético provém do mito (do universal) ou da realidade singular? Ou da sua associação? Deve-se supor que seja a unidade que produz o que os autores esperam. Todavia, a oposição não se afigura muito congruente. O típico já é, por si só, o universal singularizado e o singular adquire, mesmo na arte mais realista, virtualidades simbólicas. Trata-se na arte sempre do "transparecer sensível da idéia" (Hegel). O "tipo", aliás, não tem outro sentido que este: manter-se no meio entre o universal e o particular, mediar entre a sensibilidade e imaginação, de um lado, e o entendimento, de outro. A arte teatral, por mais realista ou por mais clássica que seja, é, enquanto arte, sempre típica, embora em graus variados de aproximação ao universal ou ao singular. Não existe arte que seja mera reprodução da realidade; enquanto arte, ela sempre a interpreta de uma ou outra maneira.

É preciso salientar a contradição manifesta na tentativa de apresentar um herói mítico de forma naturalista. Se, graças ao esforço de David José, apesar de ele cantar, se obtiveram efeitos aproximados de realismo, houve precisamente nisso certo desacordo com o empenho dos autores em mitizar o herói. O mito não permite o naturalismo, nem tampouco a proximidade da arena que revela em demasia a materialidade empírica do ator como ator. Nenhum arquétipo resiste ao fato de se poder vê-lo transpirando e tocá-lo com a mão.

Mitizar o herói com naturalismo é despsicologizá-lo através de um estilo psicologista, é libertá-lo dos detalhes e das contingências empíricas através de um estilo que ressalta os detalhes e as contingências empíricas. Essa contradição se torna ainda mais manifesta quando Boal diz que o herói deve mover-se num espaço de Antoine. Ora, o verismo extremo deste diretor francês exige o pormenor mais minudente em tudo, a documentação exata dos lugares. Bem ao contrário dos clássicos que isolaram o indivíduo das coisas, Antoine cerca o homem com os objetos que o determinam, segundo a teoria naturalista. O homem, conforme este pensamento, deixa de ser centro, "fica devorado pela matéria circundante" (Gaston Baty). Semelhante concepção anula a idéia do herói. Historicamente, o naturalismo de fato deu cabo dele. É paradoxal (ou será dialético?) que Boal tenha escolhido, precisamente para ressaltar o herói, o estilo naturalista. Este, por felicidade, não rende suficientemente dentro do contexto da peça, dentro da concepção dramatúrgica do herói Tiradentes e dentro dos limites do Teatro de Arena. Se rendesse completamente iria liquidar completamente o herói, que não é um ser real e sim um mito. A peça, neste ponto resiste galhardamente à teoria. Funciona apesar dela (o que por vezes ocorre também no caso de Brecht).

Ruptura da unidade

Outra contradição decorrente da função protagônica é que ela rompe a unidade da peça que deve ser criada pela narração a partir da perspectiva unificada do Coringa. Concebido em termos puramente dramáticos, isto é, como personagem autônomo, não narrado, o protagonista deixa de ser projeção do narrador, isso também porque o ator protagônico deve ter, stanislavskianamente, a consciência só do personagem e não a dos autores (p. 37). Assim, salta do contexto narrativo, emancipado dele, se é que se pode falar de emancipação. Pois ele é o único personagem (o ator neste caso virou integralmente personagem: identificou-se por completo com ele) que não sabe (ou não deveria saber) que está numa peça e que, fechado na sua consciência miúda, insiste em permanecer radicado no século XVIII, não participando do progresso mental do Coringa (e dos personagens narrados por ele), paulista de 1967, de consciência extremamente avançada.

Também neste caso a *praxis* parece funcionar melhor do que a teoria. Tiradentes, cantando a mesma canção da dedicatória e do coro ("Dez vidas eu tivesse"), sendo entrevistado pelo paulista de 1967, montando um cavalo imaginário e sendo enforcado de forma teatralista, enquadra-se bastante bem na *praxis* da peça, aparentemente por violar a teoria.

O problema da empatia

Como vimos, a meta imediata da função protagônica, dentro da poética coringa, é reconquistar para o personagem respectivo (no caso de *Tiradentes* o herói), da forma mais completa possível, a empatia. No entanto, nada nos força a supor que a ilusão, identificação e empatia possam ser alcançadas somente através do naturalismo. Também o realismo atenuado, os estilos clássico e romântico de desempenho são ilusionistas e obtiveram, pressuposta a adequação geral entre o nível do espetáculo e o tipo do público, efeitos fortes neste sentido. O que em geral garante intensa ação empática é a *unidade do estilo*. Esta unidade, pouco a pouco, vai persuadindo e envolvendo a platéia, levando-a, ao fim, de roldão. São sobretudo as freqüentes rupturas estilísticas e de gênero, passagens do sério ao cômico e vice-versa, acrescidas dos outros momentos desilusionadores mencionados, que não permitem o rendimento intenso da função empática, mesmo quando apoiada no estilo naturalista.

3. *O Herói e o Mito*

O medo do herói

Parece que a maioria das contradições, das dificuldades da aplicação do sistema e dos problemas estilísticos apontados se relaciona com o herói mítico de quem Boal não apresenta uma idéia suficientemente amadurecida. Antecipando a dúvida fundamental, diríamos: o herói é um mito e o Coringa é paulista de 1967 ou, mais de perto, a consciência contemporânea avançada. Não há coexistência entre os dois.

Entretanto, é justo salientar, antes de tudo, que a função protagônica não coincide necessariamente com o personagem principal, no nosso caso o herói Tiradentes. A função protagônica é desempenhada pelo personagem que o autor deseja vincular empaticamente à platéia. No caso de *Rei Lear*, por exemplo, essa função poderia ser exercida, eventualmente, pelo Bobo — não pelo próprio Lear (p. 38). Várias das objeções anteriormente feitas — não todas — ficariam neste caso provavelmente anuladas; mas surgiriam provavelmente outras dificuldades. Precisamente o Bobo de *Rei Lear* necessita (e tem até na peça de Shakespeare) de uma consciência "épica" muito ampla e seria absurdo representá-lo de forma naturalista, isto é, restringir o seu horizonte ao nível empírico de um "bobo".

Atenhamo-nos, porém, ao *Tiradentes*, caso em que herói e função protagônica coincidem. É o caso mais natural, já que, se empatia há de haver, melhor é que haja com o herói mesmo, visto este não ser concebido apenas como foco de interesse — possível também no caso do anti-herói — mas como individualidade excepcional, motor da história, mito. Trata-se do herói no sentido vetusto, mas confuso, da palavra.

O primeiro problema é que Boal tem um pouco de medo dele e o considera, não sem razão, perigoso (p. 53). Do outro lado, também com razão, parece julgá-lo muito importante para o teatro, principalmente para o teatro engajado que luta em favor de idéias sociais avançadas. A longa argumentação em favor do herói, com a aplicação discutível de exemplos tirados de Brecht, demonstra que é com a consciência um pouco atribulada que recorre a este ente mítico, atualmente não muito cotado. De algum modo trata-o como um tigre que deve ser mantido dentro da jaula. É por isso mesmo que o cerca de todo um aparelho crítico distanciador para que não escape. E talvez seja por isso que procura apresentá-lo de forma naturalista: para que o mito não seja muito mítico. O fato, porém, é que toda a crítica não visa ao herói, como tal, mas apenas aos erros do herói fracassado.

As ambigüidades do herói

Certas ambigüidades daí decorrentes já foram postas em relevo. O herói deve ser apresentado em termos "fotográficos", stanislavskianos. Mas o personagem não é construído neste sentido. É elaborado com o fim explícito de ser um mito (p. 55). Daí a necessidade de estruturá-lo de modo seletivo, magnificado, esquemático ("universal"), sem diferenciação psicológica. Tudo isso contradiz radicalmente a concepção naturalista que pede diferenciação empírica, caracterização detalhada, nuanças e tiques, tendendo a diminuir o personagem em vez de magnificá-lo. O naturalismo se destina a dar ao personagem (no caso, ao mito) a máxima realidade empírica possível, ao passo que o mito se destina a dar-lhe a menor realidade empírica possível. O mito é a-histórico, visa ao sempre-igual, arquetípico, não reconhece transformações históricas fundamentais. Os fenômenos históricos são, para ele, apenas máscaras através das quais transparecem os padrões eternos. Sua visão temporal é circular, não há desenvolvimento. O mito salienta a identidade essencial do homem em todos os tempos e lugares. Esta, certamente, não é a concepção do Nós do Teatro de Arena, concepção historicista, baseada na certeza da transformação radical, na visão do homem como ser histórico. As reservas mentais com que o herói mítico foi concebido talvez expliquem as contradições apontadas.

A indecisão mencionada reflete-se no personagem e no espetáculo *Tiradentes*. Boal, ao fim, não se decidiu por estilo nenhum, no que se refere ao herói. Embora David José represente bem o papel, o seu estilo não é (e nem pode ser) naturalista, nem é, tampouco, estilizado segundo moldes mítico-clássicos ou românticos que permitiriam perfeitamente empatia intensa. O personagem não se sustenta nem como caráter psicológico (que não pretende ser), nem como herói mítico (que pretende ser). Não chegando a ter as vantagens do mito monumental, é de outro lado suficientemente simplificado para não permitir uma análise mais profunda da realidade histórica.

A grandeza do herói

Numa perspectiva inversa à da percepção visual, a magnificação mítica exige distância, tanto de espaço e tempo fictícios (localização em lugares e épocas remotos) como do espaço real (entre palco e platéia), para resultar em ilusão convincente. Todavia, uma tentativa de estilo clássico realizado por um só personagem, face ao amplo aparelho épico-crítico e face aos elementos de farsa e caricatura que cercam o herói, não se sustentaria ou chegaria mesmo a ser cômica, sugerindo efeitos de pastiche, como de outro lado os ensaios de naturalismo, mesmo se levados ao extremo, não poderiam vingar em face do teatralismo dos outros elementos. Tampouco se conseguiu, minimizando os companheiros e adversários de Tiradentes, ressaltar-lhe a grandeza de herói pelo contraste. O herói, para ser grande, necessita de companheiros e adversários que não lhe sejam muito inferiores. É uma questão de equilíbrio e economia dramática. A pureza ingênua do herói, num mundo de crápulas, transforma-o em ser quase quixotesco.

A burrice do herói

Neste nexo cabe uma observação adicional. O estilo teatral épico abre aos personagens não protagônicos (apesar de certas afirmações equívocas de Boal) desde logo horizontes mais amplos que aos protagônicos, já que aqueles têm também a consciência do autor. Na peça *Tiradentes* eles não têm só o comportamento honroso dos inconfidentes, isto é, da burguesia ascendente, apaixonadamente empenhada por idéias liberais, mas também o da burguesia atual, decadente, apaixonadamente empenhada pelos seus respectivos interesses econômicos. O seu liberalismo é revelado como mera ideologia, sabida e usada como tal, quando na realidade, para os expoentes históricos, se tratava de um ideal pelo qual estavam dispostos a sacrificar a sua vida. A função ideológica das idéias só mais tarde iria tornar-se evidente. Quanto aos expoentes do *status quo*, no fundo já conhecem perfeitamente as teses do materialismo dialético e não hesitam em comunicá-las ao público. Tal processo corresponde perfeitamente ao teatro épico moderno e é aplicado pelos autores com espírito, sagacidade e humor.

Este processo certamente não torna os inconfidentes muito simpáticos, mas dá à maioria deles uma visão que, embora cínica, é a ampla de uma posteridade que não tem muitas ilusões e que por isso mesmo faz um teatro sem ilusão. Todos eles já estudaram a sociologia moderna. Todavia, o protagônico Tiradentes que tem, naturalisticamente, apenas a consciência do personagem (e não a dos autores, estudiosos da sociologia), vive ingenuamente e com sinceridade total e ideal o liberalismo revolucionário. Torna-se por isso mais simpático e mais empático, mas, face aos outros, um tanto limitado. Comparado com eles, é o mais autêntico e o menos inteligente. Não só os seus companheiros, mas também os seus adversários, representantes do *establishment*, são incomparavelmente mais astutos e sabidos. "Eu prefiro pensar, diz Boal, que para ser herói não é absolutamente indispensável ser burro — ouso até imaginar que uma certa dose de inteligência é condição básica" (p. 54). Esta dose, no caso do Tiradentes do Arena, é certamente bem menor do que a dos companheiros e adversários — e isso não porque os autores assim o quiseram, mas simplesmente em decorrência do estilo que dá a alguns caráter épico e ao herói caráter concebido, pelo menos neste ponto, em termos naturalistas. É evidente que Tiradentes tem, apesar disso, uma estatura humana incomparavelmente superior aos outros, o que deixa, um pouco, a impressão de que a grandeza da inteligência cresce em proporção inversa à grandeza da estatura humana. Todavia, como já vimos, a grandeza do herói é por sua vez abalada por lidar quase só com crápulas, quando na perspectiva moral, humana e estética, o herói cresce com a grandeza dos adversários.

O que é um herói?

O problema do herói é básico e não pode ser facilmente descartado. Boal tem razão ao lhe dar considerável importância. Teria sido conveniente, talvez, focalizar com igual atenção o problema do mito (do "herói mítico", portanto). Trata-se de questões legítimas, de relevo tanto para o teatro em geral como em especial para o teatro engajado; questões que decerto não são de fácil solução. A poética de Boal, todavia, não parece abordar o assunto com suficiente empenho. É de qualquer modo característico que procure justificar o herói, polemizando contra o anti-herói da dramaturgia moderna e esforçando-se por redefini-lo em termos sociológicos: "cada classe, casta ou estamento tem o seu herói próprio e intransferível". Há o herói feudal. E há o herói burguês (o que soa um pouco paradoxal, fato bem sintomático o burguês, quando herói, não é lá muito burguês. O fato de talvez haver burgueses heróicos não implica que haja heróis burgueses). E há o herói proletário.

Heroicamente o Cid Campeador arriscou sua vida em defesa de Alfonso VI, e heroicamente suportou a humilhação como recompensa. Hoje, e ainda heroicamente, o campeador teria processado seu senhor na Justiça do Trabalho, e organizado piquetes em porta de fábrica, enfrentando gás lacrimogênio e cassetete. Não foi tolo o Cid-Vassalo por ter feito o que fez, nem seria o Cid Proletário por fazer o que faria. Foi e seria herói (p. 55).

Parece que a eficácia e o próprio sentido mais profundo do sistema Coringa — sobretudo da função protagônica — dependem desta questão. O herói será indispensável? Será ele sequer desejável? É conhecida a palavra de Brecht: "Feliz o povo que não tem heróis". Boal responde: "Nós não somos um povo feliz. Por isso precisamos de heróis". Mas será o herói hoje sequer possível? Até o *Time* já se preocupou com o problema, num ensaio "Sobre a dificuldade de ser um herói contemporâneo" (24/6/66). Para um *Newsmagazine* o *Time* chegou um pouco atrasado, já que apenas repete o que Hegel disse há cerca de 150 anos com mais precisão. Mesmo o citado Nathaniel Hawthorne — "um herói não pode ser herói a não ser num tempo heróico" — apenas repisa os termos do filósofo. Carlyle, arauto máximo do "culto do herói", a quem muitos atribuem papel destacado como pioneiro do imperialismo e fascismo, Carlyle, ao dizer que urnas e eleições ameaçam os heróis, e o próprio *Time*, ao indagar se heróis verdadeiros são possíveis numa época de computadores e decisões de comitê, nada acrescentam aos conceitos hegelianos. Mas apesar do anti-heroísmo conformista do teatro americano, ressaltado por Boal, o *Time* insiste, exatamente como Boal, na necessidade dos heróis e aduz que "os americanos encontram o heroísmo diariamente em Vietnam". Vê-se a terrível confusão que há em torno do conceito. Nem sequer se nota que o adjetivo "heróico" não constitui ainda o herói substantivo. Subjetivamente, um soldado americano em Vietnam pode lutar "heroicamente" ou "com heroísmo" (com muita coragem). Mas isso não o torna um herói. Para isso se fazem necessários valores circunstanciais e todo um contexto objetivo, repercussões amplas que transcendem a mera bravura subjetiva.

O herói de Hegel

Segundo o filósofo, tais circunstâncias objetivas são indispensáveis. O herói só pode existir numa fase específica que chama de *Heroenzeit* (época de heróis), o que corresponde ao "mundo heróico" de Hawthorne. Esta época – evidentemente mítica – distingue-se pela unidade e interpenetração da individualidade particular e da "substância" geral, isto é, dos valores religiosos, morais, sociais fundamentais. E isso ao ponto de os últimos não terem ainda adquirido objetividade separada da subjetividade individual. Assim, o indivíduo deve ser ainda em si acabado e a substância objetiva tem de pertencer ainda a ele, não se realizando por si, desvinculada do sujeito. Uma vez desatada dele, este se inferioriza, tornando-se momento subordinado em face do mundo por si já concluído. A substância geral deve, pois, ter realidade plena apenas no indivíduo, como o ser mais íntimo dele, mas isso não como *pensamento* (pois este já indica uma objetivação, generalização e separação dos valores em face do sujeito), mas como âmago do seu caráter e da sua alma[4]. Verifica-se que, segundo Hegel, o herói mítico não pode ser propriamente um intelectual, embora não tenha de ser necessariamente um burro. Os valores substanciais pelos quais luta não surgiram ainda em termos articulados, mas ligam-se, integralmente, à vivência subjetiva. Um socialista, por exemplo, que estudasse as obras clássicas do socialismo e se empenhasse por traduzir as idéias socialistas em realidade, não poderia ser um herói no sentido hegeliano. O Coringa intelectual avançado, e o herói, que apenas *sente* os valores, vivem em mundos diversos.

O tempo prosaico

O modo contrário à existência heróica – isto é, o tempo "prosaico", não-heróico – ocorre quando a substância moral,

4. G. W. F. HEGEL, *Aesthetik*, Berlim, Editora Aufbau, 1955.

a justiça e os outros valores fundamentais já se articularam como necessidade separada, sem dependerem da individualidade peculiar e da subjetividade do caráter e da alma. Isso se dá na vida organizada do Estado em que o substancial já se alienou (*entfremdet*) da pessoa humana. No verdadeiro Estado, as leis, os usos, o direito passam a valer nesta sua generalidade e abstração, não sendo mais condicionados pelo acaso do capricho e da peculiaridade particular (p. 205). A substância, nesta fase mais avançada, já não é propriedade individual desta ou daquela personalidade. Já se cunhou e fixou de um modo geral e necessário. O que quer que os indivíduos possam realizar então, em termos de ações retas, morais, legais, no interesse do geral, todo o seu querer e executar e eles mesmos, permanecem agora, em face do todo, apenas momentos insignificantes e meros exemplos (p. 206). São *substituíveis* ao passo que o herói é *insubstituível*.

Agora

o trabalho em prol do todo, da mesma forma como na sociedade burguesa a atividade em prol de comércio e indústria, é dividido de modo variegado, ao ponto de o Estado total não aparecer como a ação concreta de *um* indivíduo, nem haver a possibilidade de confiá-lo ao arbítrio, poder, força, coragem, bravura e sabedoria deste indivíduo, mas as ocupações inumeráveis devem ser atribuídas a uma multidão igualmente inumerável de pessoas atuantes (p. 207).

Gregos e romanos

Na época heróica, bem ao contrário, a validade dos valores reside somente nos indivíduos que, mercê da sua vontade particular e da grandeza e atuação extraordinárias do seu caráter, se colocam à frente da realidade em que vivem. O ato justo é a sua decisão mais íntima. Daí a diferença entre punição legal e vingança. Aquela é imposta em nome do direito codificado e se exerce através de órgãos do poder público, representado por numerosos indivíduos que são perfeitamente acidentais e substituíveis. Esta, a vingança, pode ser igualmente justa; mas ela decorre da subjetividade daqueles que se encarregam do ocorrido e que se vingam à base do direito que fala de dentro deles. O vingador não é acidental, nem substituível (ele age em causa própria).

Neste sentido Hegel diferencia a *areté* grega da *virtus* romana.

Os romanos tinham desde logo a sua cidade, as suas instituições legais e, em face do Estado como meta geral, a personalidade tinha de apagar-se. Ser apenas romano, abstratamente, representar na própria subjetividade enérgica somente o Estado romano, a pátria e a soberania e o poder da mesma, eis a seriedade e dignidade da virtude romana. Os heróis gregos, bem ao contrário, são indivíduos que, a partir da autonomia do seu caráter e arbítrio, se encarregam e realizam o todo de uma ação e no caso dos quais, por isso mesmo a ação, mercê da qual executam o justo e moral, se afigura como etos individual. Esta unidade imediata do substancial e da individualidade, da inclinação, dos impulsos, do querer, reside na virtude grega, de modo que a individualidade é a sua própria lei; não é sujeita a uma lei, sentença ou a um tribunal que existissem por si mesmos (p. 208/209).

A reconstrução do herói

Todavia, nos nossos tempos prosaicos o herói não tem vez. Mesmo os monarcas*

já não são... o ápice em si concreto do todo, mas um centro mais ou menos abstrato dentro de instituições já por si desenvolvidas e fixadas pela lei e constituição... Da mesma forma um general ou mesmo um marechal certamente ainda têm grande poder: fins e interesses essenciais se entregam às suas mãos e sua visão clara, coragem e vontade decidem sobre as coisas mais importantes; ainda assim, aquilo que nesta decisão se deve atribuir ao seu caráter subjetivo, como âmago pessoal dele, é de amplitude pequena. Pois de um lado os fins já lhe são dados e encontram a sua origem — ao invés de na sua individualidade — em circunstâncias exteriores ao âmbito do seu poder; de outro lado, tampouco produz por si mesmo os meios para executar estes fins; ao contrário, os meios lhe são fornecidos, visto não serem do seu domínio e não se subordinarem à sua personalidade... (p. 215/216).

Entretanto, Hegel reconhece que dificilmente podemos descartar a necessidade e o interesse pela totalidade individual e pela autonomia viva do herói, ainda menos quando se trata da arte em que é essencial a manifestação do substancial, da idéia geral, através da concreção individual, sensível; é indispensável a unidade do universal e do particular, ideal que precisamente se encarna no herói. Daí, ressalta Hegel, se entendem as tentativas de "reconstruir" o herói, exemplificadas por ele particularmente através de peças do jovem Schiller e do jovem Goethe. Essa reconstrução implica a subversão total da ordem burguesa (como por exemplo em *Os Bandidos*, de Schiller), a situação anárquica ou revolucionária, a recuperação da autonomia através de um novo tempo heróico.

---

* O monarca ou "tirano" mítico é o herói predestinado da tragédia clássica, não só por ela ser aristocrática, mas porque o destino do herói soberano repercute mais que o de um guarda-noturno, envolvendo Estados e nações. Ademais, o rei mítico pode agir conforme seu arbítrio, ao passo que o guarda-noturno, mesmo se existisse em termos míticos, seria demasiado dependente para tornar-se em herói.

Hegel, todavia, não esconde o seu ceticismo em face de tais reconstruções, na medida em que utilizam para tal tempos modernos. O fato é que considerava tais tentativas quiméricas. Essa opinião se liga ao seu pessimismo geral em relação à arte, decorrente de considerações como as expostas. Sabe-se que predisse o fim da arte, considerando-a incapaz de, com seus recursos, representar o mundo moderno, prosaico — incapaz de captar, em termos sensíveis (particulares, singulares), a idéia geral, hoje demasiado complexa e mediada, para render-se à plasticidade concreta exigida pela arte.

Num mundo de mediações infinitas, o herói, tal como exposto, se lhe afigura impossível. O mundo heróico, acredita, situa-se bem no meio entre o primitivismo idílico da Idade de Ouro e a sociedade moderna. Os tempos heróicos já ultrapassam a idílica pobreza e a ausência de interesses espirituais, atingindo a paixões e metas profundas. Mas, conquanto já mais ricos de conteúdo espiritual, são tempos ainda suficientemente singelos para que o ambiente cultural em torno dos indivíduos e a satisfação de suas necessidades imediatas ainda decorram do seu próprio fazer. Os alimentos são ainda bem rústicos — mel, leite, vinho e coisa que valha. Já o café, o aguardente (para não falar de pão Gluten e Dietil) nos evocam as mil mediações de que se precisa para produzi-los e obtê-los. Os heróis, esses abatem e assam, eles mesmos, os animais que vão comer e adestram o cavalo que vão montar; arado, espada, escudo, elmo, são sua própria obra ou de qualquer modo a sua feitura lhes é familiar.

> Neste estado, o homem tem, em tudo que usa e com que se cerca, o sentimento de que ele mesmo o criou a partir de si mesmo, lidando, pois, ao usar as coisas externas, com o que é intimamente seu e não com objetos alienados que se encontram fora da sua esfera própria em que é o senhor (p. 273).

Vê-se que as próprias fitas *far west*, nas quais se obteve uma das mais bem-sucedidas reconstruções do tempo heróico, já se lhe afigurariam demasiado mediados. Os heróis de tais obras bebem aguardente e a sua arma é o Colt.

O cafezinho e a nave cósmica

Pode parecer-nos estranha a insistência com que Hegel exige que o herói tome vinho e não um cafezinho. Há, entretanto, uma profunda verdade nisso. Na medida em que as mediações se multiplicam, o homem passa a depender do que é produzido por outros à distância, devendo estruturar organizações e preparar complicadas vias de comunicação para entrar na posse dos objetos alienados de que depende. A posse e manutenção de uma metralhadora e da respectiva munição dependerão de inúmeros fatores complexos – e que é o herói sem ao menos uma metralhadorazinha? Por isso hesitamos em chamar um cosmonauta de herói. Sem dúvida é um homem de extrema coragem. Mas encontra-se na dependência quase total do que outros fizeram, dentro de uma engrenagem industrial complexíssima. Vamos chamar todos que colaboraram de heróis? Ora, o herói se distingue pela sua singularidade e só graças a ela tem interesse teatral. E por que seria herói somente ele? Apenas por arriscar a vida? Isso qualquer trapezista de circo faz diariamente, sem ser herói. Por que o faz em prol de uma tarefa grandiosa? Mas foram outros que a planejaram em todos os pormenores. Ele apenas a executa e pode ser mais facilmente substituído do que os cientistas. O "herói", no caso, é a organização no seu todo. Sem dúvida, o cosmonauta é a imagem reluzente, o representante "mitizado" da imensa organização, o símbolo esplendoroso que empolga, inspira e entusiasma. Mas se o exaltamos com a exclusividade que cabe ao herói, esquecendo *necessariamente* as suas infinitas dependências do tecido das múltiplas mediações, escamoteamos a realidade e falhamos em analisá-la ao nível da consciência atual. E *temos* de esquecê-las para que permaneça herói. Sem isso ele passa a ser o general de Hegel a quem os fins e os meios são dados por instâncias exteriores a ele – instâncias às vezes extremamente distantes que o teleguiam.

Igualmente difícil parece a reconstrução do herói mítico através do Cid-Proletário, processando o seu senhor na Justiça do Trabalho, organizando piquetes, enfrentando gás lacrimogênio e cassetete. É difícil imaginar o herói mítico envolvido na engrenagem de tribunais e comitês sindicais. Para organizar piquetes sem dúvida se necessita de coragem. Mas muitos homens substituíveis precisam ter essa coragem durante dezenas de anos, atendendo reuniões pontualmente*, encarregando-se de pequenos trabalhos chatos, sem brilho nenhum, renunciando inúmeras vezes ao grande feito, atuando com inteligência, astúcia e paciência imensas, *pensando* (e não seguindo impulsos íntimos, como o herói mítico de Hegel) em termos de teorias e planos elaborados por outros (já objetivados, portanto). Um entre os

---

* O herói mítico não pode ser pontual. Combina encontrar-se com seus co-heróis na "época das chuvas" ou na fase da lua crescente. O tempo mítico não conhece o relógio e segue o horário rural dos astros e das estações. Não há herói que se submeta a um horário rigoroso, imprescindível a qualquer façanha moderna. Se não me engano, foi em *Revolução na América do Sul* que o próprio Boal verificou serem freqüentemente impontuais até aqueles que estão longe de serem heróis.

33

muitos talvez se sobressaia pela extrema coragem e pelas virtudes mencionadas, acrescidas ainda de frieza e grande capacidade de organização – qualidades que não se costumam atribuir ao herói. Será muito difícil estilizá-las em termos míticos. Particularmente a indispensável capacidade de organização – que implica quase por definição a manipulação de engrenagens alienadas – afigura-se pouco heróico e, sobretudo, extremamente antiteatral. É este trabalho no cotidiano e anônimo, sem carisma e sem grandeza visível, trabalho que implica o planejamento da própria *substituição* por outros em caso de impedimento prolongado ou permanente, que é decisivo. Quem escamotear estes fatos pouco heróicos – para destilar os traços essenciais do mito – deixará de interpretar a realidade ao nível da consciência atual e acabará produzindo o salvador festivo, insubstituível.

Duerrenmatt e o herói

Em *Hércules e o Estábulo de Augias*, F. Duerrenmatt teve a idéia de colocar o herói-modelo da Antigüidade em face de repartições públicas: seu fracasso é total. E num ensaio[5] pergunta se uma arte, só porque alguma vez afinou com a situação, continua possível ainda hoje. Atualmente, verifica, já não existem heróis trágicos, mas

apenas tragédias que são encenadas por açougueiros universais e máquinas de fazer picadinho... Seu poder é tão gigantesco que eles mesmos acabam sendo formas de expressão casuais, externas, deste poder, facilmente substituíveis... O poder de Wallenstein (na peça de Schiller) é um poder ainda visível; o poder contemporâneo é visível apenas em parte ínfima, exatamente como ocorre no caso de um *iceberg*, cuja parte maior mergulha no abstrato, sem face... Os representantes legítimos faltam e os heróis trágicos não têm nome. Com um pequeno especulante, com um burocrata ou um policial o mundo atual pode ser melhor reproduzido do que com um chanceler federal. A arte só consegue penetrar até as vítimas; se ainda chega aos homens, aos poderosos ela já não atinge mais. Hoje, os secretários de Creonte liquidam o caso de Antígone. O Estado perdeu a sua forma, e como a física só consegue reproduzir o mundo em fórmulas matemáticas, assim o Estado hoje só pode ser representado através de estatísticas.

É com este problema, previsto por Hegel, que o dramaturgo moderno tem de haver-se. O Coringa, com sua crítica visão épica, ajusta-se perfeitamente a esta tarefa. De algum modo parece muito importante associar a ele a função protagônica. É nisso que talvez se deva concordar com Boal. Mas ela

5. F. DUERRENMATT, *Theaterprobleme*, Zurique, Editora Arche, 1955.

tem de integrar-se na perspectiva unificada do Coringa. Também a preocupação de Boal com o herói se afigura perfeitamente legítima. É difícil dispensá-lo — tanto no sentido humano como teatral. Talvez ele seja mesmo indispensável. Se este for o caso, será preciso reformulá-lo em termos inteiramente novos; termos que possibilitem interpretar, através dele e da sua ação, a realidade contemporânea.

O mito

Ao herói liga-se, como Boal bem viu, à necessidade de mitização. Ao tentar mitizar Tiradentes, no entanto, o autor não parece ter cogitado de todas as implicações da visão mítica. Pela sua exposição, o mito nada é senão o "homem simplificado". O processo mitificador "consiste em magnificar a essência do fato conhecido e do comportamento do homem mitificado", eliminando-se fatos inessenciais ou circunstanciais. A mitificação não seria necessariamente mistificadora. Tiradentes, visto como herói revolucionário, pode tornar-se, por assim dizer, um "mito correto", ao passo que visto apenas como *Mártir* da Independência, é mito mistificado. "Não é o mito que deve ser destruído, é a mistificação" (p. 56).

Esta exposição não toma em conta que não se pode simplificar apenas o herói. É preciso simplificar toda a realidade que o cerca para reconstruir a "época mítica" (os tempos heróicos) em que unicamente pode vingar o herói mítico (e simplificar muito além do que em geral é necessário em peça de teatro de duas horas de sessão). O mito elimina as inúmeras mediações de uma realidade complexa, deforma-a, portanto. Trata-se de uma redução a dimensões primitivas, de uma mistificação, portanto. Face à consciência atual, o mito, por desgraça, sempre tende a ter traços mistificadores, a não ser que seja tratado criticamente. A oferta do mito às "massas" é uma atitude paternal e mistificadora que não corresponde às metas de um teatro verdadeiramente popular. Mas como empolgá-las? Eis o dilema de quem hoje quer fazer um teatro honesto.

A imaginação mítica é, ademais, profundamente irracional; não há mito racional. O substrato do mito não são, como vimos, pensamentos e sim emoções. É a unidade do sentimento que substitui a coerência lógica[6]. O mito é um modo de organizar as emoções mais veementes, é projeção de temores, de angústias, de *wishful thinking*, de esperanças fundamente arrai-

---

6. ERNST CASSIRER. *An essay on man*, ver o capítulo "Myth and Religion", Nova York, Anchor Books, 1953.

gadas. O herói mítico é a personificação de desejos coletivos. Em tempos de crise, este desejo impregna-se de força virulenta e projeta a imagem plástica e individual das esperanças em forma de personificação. Na criação do herói mítico prevalece a crença primitiva de que todos os poderes humanos e naturais podem condensar-se numa só personalidade excepcional. Quando em amplos grupos se manifesta a esperança coletiva com intensidade máxima, eles facilmente podem ser convencidos de que só se necessita da vinda do homem providencial para satisfazer todas as aspirações. Tal fato irracional foi racionalizado por Carlyle, ao dizer que o culto do herói é um elemento necessário da história humana. "Em todas as épocas da história do mundo verificaremos que o grande homem foi o salvador indispensável da sua época: o raio sem o qual jamais teria ardido o combustível"[7]. O combustível, evidentemente, é o povo. Mas esta relação entre raio e combustível é uma simplificação grotesca. O raio não cai do céu azul, o combustível é um produto químico complexo e de resto as relações entre o chefe e os seguidores não se comparam às relações mecânicas entre causa e efeito.

Recuperações modernas do mito

A visão mítica é essencialmente anticientífica, mas em compensação lhe é inerente uma imaginação que se poderia chamar de artística. Entretanto, embora os processos da arte sejam bem diversos dos da ciência, a sua comunicação, enquanto visa a fins didáticos e a concepções progressistas, não deveria contrariar os resultados científicos. Daí a necessidade de usar o mito, quando se o usa, de uma forma agudamente crítica. Profundamente dramático, o mito tinge tudo com as cores apaixonadas do amor e do ódio, do medo e da esperança. No seu bojo há sempre implicações metafísicas e religiosas, já que nele se manifesta uma interpretação totalizadora e unificadora do universo, das suas origens e da sua essência, assim como das forças fundamentais que nele atuam (Tiradentes de fato não é um herói mítico, na peça, porque falta o universo em que poderia sê-lo).

Não admira que os artistas contemporâneos aspiram a "reconstruir" o mito, muitas vezes em termos nacionais e autóctones e isso principalmente a partir dos movimentos românticos do século passado, a fim de assim reconquistarem a unidade perdida e atingirem o impacto estético desejado. Boa parte

---

7. ERNST CASSIRER, *El mito del estado*, ver o capítulo "Las lecciones de Carlyle" etc., México, Fondo de Cultura Econômica, 1957.

da literatura e do teatro modernos procura recuperar a visão mítica ou pelo menos se esforça por usá-la para fins variados. No teatro abundam as tentativas de empregar o mito grego, referindo-o analogicamente a situações atuais. Pense-se, por exemplo, em *Les Mouches* (Sartre), peça que alude à Resistência. Pense-se no expressionismo dramático, todo ele ofuscado pela idéia do mito e do arquétipo; pense-se em certas obras de Strindberg, Wedekind, O'Neill, Wilder, Lorca.

Na literatura narrativa o uso do mito e a tendência mitizante se fazem notar com insistência ainda maior. Basta mencionar os nomes de Hesse, Faulkner, Kafka, Thomas Mann e Joyce para ter uma idéia da intensidade com que se manifesta o desejo de recuperar a grande unidade sintética e a plasticidade sensível da visão mítica, num mundo em que a fragmentação e a análise tendem a dificultar o labor artístico (é evidente que nas outras artes ocorre fenômeno análogo). Nos maiores exemplos, porém, o mito é abordado criticamente ou é, ele mesmo, de certo modo o próprio tema da obra. Nos romances de Kafka o tema, de fato, é a busca da unidade mítica perdida e o fracasso dessa busca em face das mediações infinitas do mundo moderno que frustram todas as tentativas da "volta ao lar" por parte do filho pródigo. No romance *José e seus Irmãos* (Mann), o próprio tema é o mundo mítico, a emancipação dele e o retorno a uma nova unidade, desta vez já não mítica e sim racional: José se torna provedor lúcido – isto é, planificador – do Egito. Se de um lado o interesse de Thomas Mann pelo mito corresponde (segundo declaração do próprio autor) "a um gosto que pouco a pouco se distancia do individualismo burguês e se aproxima do padrão e do arquetípico", o romancista de outro lado põe o mito constantemente em aspas, através da sua ironia, e procura dar-lhe a máxima racionalidade (através da psicologia) a fim de tirá-lo "das mãos dos obscurantistas fascistas" e "para transfuncioná-lo em termos humanos". É de se ver com quantas precauções o usa para não se tornar vítima dele. Seu herói, concebido em termos inteiramente novos, pouco a pouco se desmitiza e desmistifica no decurso da vasta obra.

Em James Joyce a visão universal – o mundo como totalidade intemporal – exige recursos míticos. A tentativa paradoxal de criar "o grande mito da vida cotidiana" (em *Ulisses*) é ao mesmo tempo saudosista e irônica. A concepção mítica, na obra, ressalta o sempre idêntico, ao paralelizar o dia 16 de junho de 1904, vivido por Bloom em Dublin, com as aventuras de Ulisses. O historicismo dessa visão é óbvio. Mas a "reprise" nesta obra contém muita ironia e paródia. A analogia de Bloom e de sua esposa com Ulisses e Penélope já é em si paródia hilariante, por mais séria e extraordinária que seja. A correspondência do episódio de Circe com a cena do bordel e a de Eolo com a da redação do jornal salientam, de imediato, a enorme distância que há entre o mito e a realidade contemporânea. A própria variação de estilo e de gêneros usada na obra de Joyce — característica também da teoria de Boal — ressalta a relação distorcida e saudosista entre o mito moderno e o antigo, vasado na grande unidade harmoniosa dos versos homéricos. A analogia de certo modo se ironiza e se nega a si mesma, na medida em que se processa.

Nada disso parece ter sido a idéia da peça *Tiradentes*, nem da poética de Boal. O herói, embora criticado pelos seus erros e cercado de um aparelho distanciador, é levado inteiramente a sério como herói. Pelas razões já expostas não chega a ser suficientemente mito para colher as vantagens estéticas do arquétipo monumental. Mas de outro lado tem do mito a esquematização extrema de modo a não render suficientemente na dimensão da análise histórico-social e da vivência empática. A não ser que nos enganemos, Boal não deseja que se aplique a Tiradentes a sua excelente formulação: "Sempre os heróis de uma classe serão os Quixotes da classe que a sucede" (p. 54). O herói, tal como proposto pela peça, seria hoje um ser quixotesco, como o Hércules de Duerrenmatt.

Conclusão

Apesar de todas as dúvidas, é preciso destacar que dificilmente se encontrarão no teatro brasileiro dos últimos anos experimentos e resultados dramatúrgicos e cênicos tão importantes como *Zumbi* e *Tiradentes*, como proposição renovadora do teatro engajado. A poética de Boal é um ensaio ímpar e completamente singular no domínio do pensamento estético brasileiro. As objeções levantadas, mais que negar, pretendem discutir as teses de Boal. As referências à modernidade do mito mostram que Boal se encontra em boa companhia ao procurar recuperar, embora de um modo discutível, o uso do mito no teatro engajado. Não são só autores "burgueses" que recorrem ao mito e um pensador marxista como Herbert Weisinger — é verdade que é professor da Michigan State University — ainda recentemente propôs que se usasse a teoria marxista não só como sistema científico, mas que se examinassem as possibilidades inerentes a ela no sentido de inspirarem uma atitude mental e emocional capaz de resultar... na criação de tragédias. É importante verificar de início que não abordo (neste nexo) o marxismo como um sistema articulado e demonstrável de proposições lógicas acerca de questões econômicas, mas, antes, como uma fonte de inspiração, guia para interpretar a experiência – portanto, como via para lidar com problemas éticos e religiosos... Proponho que estudemos o marxismo não em função das suas possíveis contribuições ou de seus erros na teoria econômica ou na sociologia ou história..., mas em função das suas qualidades mitológicas, inspiracionais e religiosas, sem as quais nenhuma tragédia pode ser escrita[8].

Tais sugestões são extremamente atraentes e não seria razoável combatê-las à base de princípios rígidos e dogmáticos. É útil, no entanto, tomar em conta as implicações antes expostas e as dúvidas que daí decorrem. Quer parecer-nos que Boal, na sua teoria, e Boal e Guarnieri, nas suas peças, não analisaram os problemas implicados até as suas últimas conseqüências. Talvez seja necessário repensar mais uma vez certas teses fundamentais para que o Teatro de Arena alcance eficácia ainda maior na análise e interpretação crítica da realidade e na sua comunicação vigorosa, teatral, ativante e divertida, ao público específico a que se dirige, no âmbito das condições concretas da sala de que dispõe, em face do momento histórico em que se insere a sua obra.

É evidente que toda comunicação teatral deve tomar em conta o público específico a que se dirige. Mas não há nenhum público que, indo a um teatro dedicado à interpretação da realidade nacional, mereça menos que arte e menos que a verdade. O herói mítico, sem dúvida, facilita a comunicação estética e dá força plástica à expressão teatral. Todavia, será que a sua imagem festiva contribui para a interpretação da nossa realidade, ao nível da consciência atual?

---

8. HERBERT WEISINGER. Dialectic as Tragedy, *Monthly Review* Suplemento n.º 1, Nova York, 1965.

2. O HERÓI HUMILDE: O HERÓI E O TEATRO POPULAR

Em recente trabalho, publicado como introdução à peça *Arena conta Tiradentes*, Augusto Boal aborda o problema do herói e realça a sua necessidade no teatro[1]. Ao mesmo tempo, porém, parece reconhecer haver certo perigo no seu uso, num teatro tal como concebido pelos diretores do Teatro de Arena. De qualquer modo problematiza o personagem heróico. Não o toma por garantido. Ainda assim empenha-se pelo "herói mítico" e lhe dedica considerações interessantes. Os personagens de *Zumbi* e *Tiradentes*, da maneira como foram imaginados pelos autores, afiguram-se-lhes heróis míticos, mercê da magnificação, simplificação e seleção de traços essenciais, depois de eliminados todos os traços circunstanciais e, possivelmente, negativos ou de

1. AUGUSTO BOAL, Elogio Fúnebre do Teatro Brasileiro Visto da Perspectiva do Arena, *Revista Civilização Brasileira - Caderno Especial - 2*, Rio, julho de 1968.

interesse apenas psicológico, desnecessários para a exposição da ação heróica. De outro lado, Boal admite também o "herói real", não mítico. Infelizmente, porém, apenas o menciona, sem dar-lhe maior atenção. Evidentemente pressupõe que mesmo na nossa época das bombas de hidrogênio e dos computadores o herói real exista e tenha função importante.

O herói, quer mítico, quer real, não é entendido, no caso, como mero protagonista, foco do interesse e da atenção do público. Semelhante figura central freqüentemente é chamada de herói (ou heroína), mercê da relevância na fábula da peça, ainda que seja passiva, oportunista ou mesmo pusilânime. Quentin, "herói" de *Depois da Queda*, certamente não é herói no sentido aqui usado e Martha, embora personagem central de *Quem Tem Medo de Virgínia Woolf?*, está longe de ser uma heroína. Boal fala do herói no sentido clássico da personalidade que, heroicamente, empenha sua vida por uma causa relevante. Heróis, no sentido pleno, são Antígone, Édipo, Le Cid, Guilherme Tell. Heróis, na dramaturgia brasileira moderna, serão Agileu Carraro (*A Semente*), Tiradentes ou Zé do Burro (*O Pagador de Promessas*), cuja causa, aparentemente miúda e quase ridícula, adquire relevo e *pathos* pela reação do padre e pelos valores que Zé passa a defender.

A proposição deste problema é de considerável importância. Um teatro, enquanto atual e popular, não pode deixar de preocupar-se com as preocupações e angústias do povo. Deve ter, antes de tudo, o objetivo de defender os interesses do povo e de, por conseguinte, apresentar, analisar e interpretar a realidade criticamente, visando à conscientização do seu público (apesar de contar sobretudo com platéias da classe média, o teatro alcança hoje amplos círculos da juventude de consciência aberta, ainda disponível, ainda não fechada por padrões tradicionais e interesses imediatos). Tal conscientização e interpretação da realidade depende em parte do tipo dos personagens centrais.

A tarefa mencionada evidentemente não exclui, antes pressupõe, que o teatro popular também entretenha o seu público através da sátira, paródia, farsa, caricatura e de todos os recursos da ironia, do sarcasmo e da comicidade, sem dúvida eficazes na elucidação, através do desmascaramento e da desmitificação de tabus, convenções estéreis e mitos nocivos. Neste gênero de teatro o problema do herói é quase irrelevante. A comicidade, em compensação, recorre muitas vezes a qualquer tipo de arlequim popular. O bobo costuma gozar de ampla liberdade e foi através da história do teatro, mesmo em épocas de opressão, um recurso excelente para criticar a realidade, com a característica de se dirigir mais à inteligência do que à emoção. Mesmo supondo que a risada seja um desabafo catártico, uma libertação inócua e por isso em certa medida um meio de encampar e conformar o público através da descarga festiva, a comicidade, enquanto manipulada com lucidez, pode ser uma arma demolidora.

Os tiranos deste mundo, disse não sem razão Duerrenmatt, não se sentem comovidos pelas obras dos poetas: bocejam ante as suas elegias; os seus cantos heróicos se lhes afiguram como contos de carochinha e os seus poemas religiosos provocam-lhes sono; só uma coisa temem: o seu escárnio.

Entretanto, o teatro popular não pode renunciar a obras de teor sério ou mesmo trágico (o que não implica a revivescência da tragédia), obras que, enquanto interpretam e criticam a realidade, ao mesmo tempo propõem novas realidades, novas metas e expectativas de progresso (no fundo já sugeridas através da própria crítica). Todas as sociedades modernas abrigam no seu sistema de valores, por mais oficial e consagrado que seja, promessas e idéias reconhecidas (liberdade, igualdade, fraternidade etc.), embora muitas vezes apenas como chavões, sem indicação dos rumos e métodos para concretizar esses ideais, e muitas vezes mantidas apesar de contradizerem a organização real da sociedade. Ao teatro popular cabe insistir nessas promessas, apontar as contradições que dificultam o seu cumprimento, manter vivo o espírito de reivindicação e insatisfação que é a mola do progresso. Nos grandes momentos do teatro — quase sem exceção momentos de teatro popular — os dramaturgos protestavam, reivindicavam e reafirmavam, ao nível da consciência da respectiva época, ideais e valores avançados, desde Ésquilo e Eurípides, ao advertirem (por exemplo em *Os Persas* e *As Troianas*) o público ateniense, direta ou indiretamente, da loucura imperialista dos políticos gregos, até Lope e Calderón, ao combaterem a arrogância feudal, reivindicando maior justiça para o povo, sem esquecer Shakespeare esboçando a imagem do rei e estadista justo e sábio.

Um teatro deste tipo, capaz de analisar e criticar a realidade e de, ao mesmo tempo, exaltar a ação em prol do futuro, certamente se defronta com o problema proposto por Boal. Para empolgar o público parece necessária a presença de um herói e talvez mesmo do mito. Mas será possível analisar a realidade atual criticamente através do herói mítico? E o entusiasmo, baseado numa análise falha, não será inócuo?

43

1. O Palco e a Realidade Atual

A análise e interpretação cênicas da complexa realidade contemporânea, ao nível da consciência atual, defrontam-se com grandes dificuldades. O mundo planetário de hoje cabe no palco? O inconsciente (se o admitirmos) cabe no diálogo consciente? As inovações do teatro moderno, na medida em que se afiguram relevantes, são em essência tentativas de assimilar a nova visão do homem e do mundo à estrutura dramática e cênica; visão que acompanha ou resulta das enormes transformações sociais e técnicas, assim como das concepções científicas e filosóficas do nosso tempo. Strindberg foi um dos primeiros a romper, em algumas peças da última fase, com os padrões dramáticos tradicionais, principalmente com a unidade do personagem (que se desdobra e fragmenta), com as unidades da ação, do tempo e do lugar, e mesmo com a convenção fundamental do diálogo interindividual, para deste modo revelar planos mais profundos da consciência. Outros tipos de teatro, mormente o épico, ampliam o mundo representado, sobretudo através de processos narrativos, que ultrapassam o diálogo, e através da montagem livre de quadros e cenas sem encadeamento rigoroso — tudo isso para apreender e interpretar, de um modo crítico e didático, no reduzido espaço do palco, aspectos mais vastos e intrincados do mundo moderno.

Ainda assim muitos problemas continuam sem solução satisfatória. O "mundo administrado" em que vivemos é imensamente complexo, e o teatro precisa simplificar. Engrenagens de múltiplas mediações, organizações de massas, enormes processos coletivos transcendem o indivíduo, e o teatro não pode dispensá-lo. Eventos decisivos ocorrem numa zona anônima, e o teatro precisa personificar e concretizar em termos cênicos. As relações determinantes são intercontinentais, e o palco dispõe só de poucos metros quadrados. Como Brecht dizia: "Ao petróleo repugnam os cinco atos" ou "Pode-se falar sobre o dinheiro em alexandrinos?" Poder-se-ia prosseguir indagando: é possível, mesmo através de um teatro que aboliu os alexandrinos e os cinco atos, que adotou o jogo amplo de quadros e cenas variadas e que introduziu todos os processos narrativos modernos, é possível apresentar através dele a engrenagem, que liga a Bolsa de Nova York à guerra do Vietnam, de um modo cenicamente eficaz (o que implica não se falar apenas "sobre" o tema, mas torná-lo em ação e comunicação visual)? É possível apresentar nele o imenso mundo dos objetos de que o homem ameaça tornar-se objeto, passando a ser produto dos seus produtos? O teatro não dispõe dos recursos visuais do cinema que, com algumas tomadas, pode apresentar a visão de imensas massas inseridas no universo metropolitano, dos arranha-céus, dos objetos, da automação, da cibernética, das tremendas energias desencadeadas. Tem de reduzir tudo, em última análise, senão aos cinco atos e aos alexandrinos, ao menos à palavra e sobretudo à fonte dela, ao personagem (e seu movimento).

A mediação essencial, no teatro, se verifica através do ator/personagem, portador da palavra. Já no cinema a comunicação se faz mediante a imagem que independe em certa medida de atores/personagens, podendo deter-se longamente no mundo anônimo que condiciona o homem. No romance, a mediação cabe à palavra que igualmente independe de personagens; é ela que constitui o mundo e o homem, ao passo que no teatro é o homem que constitui a palavra. Não há palavra sem personagem. Ora, a palavra e a imagem, como mediadoras da realidade, são inesgotáveis. Já o homem, como recurso essencial, quase exclusivo, indispensável em todas as fases da peça (o palco não pode ficar vazio) é um mediador pobre do vasto mundo de engrenagens, embora a sua presença viva, de outro lado, seja um privilégio insuperável que beneficia somente o teatro.

2. Ser e Dever-Ser

Do exposto decorre a extrema importância da escolha do protagonista (e dos outros personagens), para um teatro que pretende interpretar a nossa realidade e, ao mesmo tempo, ultrapassá-la, exaltando a ação em favor de um futuro melhor. É sobretudo através do protagonista, da sua condição e situação, do seu comportamento e ação, do seu êxito e fracasso, das suas inter-relações humanas com indivíduos e massas e da sua mentalidade geral — pela qual são determinados o horizonte da sua visão e as palavras ao seu alcance (aquele e estas talvez ampliadas por um narrador) — que terá de ser projetada, interpretada e criticada a realidade social e, dentro dos propósitos antes expostos, ao mesmo tempo comunicada a necessidade do empenho ativo em favor de valores humanos e sociais; sobretudo terá de ser reafirmado, através dele, a capacidade do homem de agir, de avançar, de progredir. Pois o teatro de que se fala visa à humanização da sociedade e se baseia numa filosofia contrária ao niilismo e pessimismo de certos expoentes do teatro contemporâneo.

Isso significa que o protagonista teria de ser representativo da nossa realidade (que deve ser interpretada através dele, do seu comportamento e das suas relações), sem deixar de ser também representativo de certas expectativas e reivindicações, assim como da ação em função delas. O que se propõe talvez se afigure paradoxal. Segundo La Bruyère, Racine retratou o homem tal como é e Corneille tal como deveria ser. O dramaturgo, no caso, teria de unir ambas as coisas. De certo modo se pede que o protagonista seja ao mesmo tempo homem comum e incomum, não-herói e herói, o homem anônimo do nosso tempo, vítima das engrenagens, e o homem singular, capaz de sobrepor-se ao conformismo e ao peso morto da rotina; que seja parafuso e alavanca, rodinha e motor. Exige-se, enfim, que seja objeto e sujeito; que represente a massa e o líder. Distribuir tais características entre dois personagens, como geralmente ocorre, leva à heroização e mitização de um e ao amesquinhamento e à nulificação do outro, enfim ao populismo ou a qualquer coisa que o valha. O herói humilde proposto deveria ser um indivíduo extremamente comum, por assim dizer, e apesar disso sugerir virtualidades humanas extraordinárias. Deveria ser imbuído do *ethos* de quem se sabe substituível. Esse *ethos* é anti-heróico, e é nisso que se manifesta o *pathos* de um heroísmo que se poderia chamar de contemporâneo. Não Antígone, a grande heroína de Sófocles — mas o guarda da peça, este coitado, deixando entrever capacidades inadvertidas, através de uma ação que lhe permite sugeri-las.

3. *Naturalismo e Expressionismo*

Historicamente, o naturalismo radical, na sua volúpia de desmascaramento, apresentou o homem comum, tal como o concebia real — ente movido por necessidades imediatas, determinado por fatores sociais e biológicos, sem liberdade, mero objeto da história. Reduziu-o a ser passivo e, mesmo na atuação aparente, joguete de forças exteriores a ele ou, se internas, ainda assim estranhas à sua própria vontade. O naturalismo deu cabo do herói, tanto do clássico como do romântico. Já o simples fato de usar prosa, em vez de versos, abala o *status* do herói completo que exige idealização, tanto na linguagem como no gesto. Não declama versos quem, ente real, transpira e tem defluxo. O teatro naturalista, reduzindo o homem a impulsos e reflexos, despiu-o da grandeza metafísica e moral que o teatro anterior, de tradição idealista, lhe atribuíra. Isso se exprime no fato de que o palco clássico isolava o indivíduo, ressaltando-lhe a posição central, exclusiva, ao passo que um diretor naturalista como Antoine cercava os personagens com os objetos que o determinariam. Tanto assim que o homem ficava devorado pela matéria circundante, na expressão de Gaston Baty.

Dificilmente se pode supor que do teatro naturalista resultassem quaisquer efeitos animadores.

Já o teatro expressionista, embora perfeitamente consciente das pressões sociais e da engrenagem trituradora da nossa civilização, tanto assim que se trata de um dos temas fundamentais do movimento, lança todo o peso das suas esperanças utópicas sobre indivíduos heróicos ou carismáticos, transformados pelo idealismo exaltado do movimento em redentores místicos de massas que permanecem passivas. É uma dramaturgia de cúpula. Todo o esforço do expressionismo visa a criar novos mitos. Os palcos, agora esvaziados de objetos, enchem-se de heróis arquetípicos, magnificados pelo foco dos projetores que os isola e demoniza ou diviniza, com o apoio da máscara feita de maquiagem violenta. Tudo contribui para arrancá-los do contexto das mediações empíricas e do encadeamento causal. Deste modo se transfiguram em seres inefáveis, porta-vozes e executores de um mundo transcendente. Todo mito — mesmo quando resultado de invenções e elaborações particulares — é personificação sumamente emocional de esperanças (e angústias e anseios) coletivas intensas; é projeção de massas conturbadas, convencidas de que só se necessita da vinda do homem providencial para que sejam satisfeitas todas as aspirações; massas imbuídas da crença primitiva de que todos os poderes humanos e naturais podem condensar-se numa só personalidade excepcional.

Já que A. Boal propõe na sua poética o herói mítico — e no protagonista Tiradentes tenta, juntamente com Guarnieri, configurá-lo — vale a pena confrontá-lo com o herói mítico levado às últimas conseqüências (isto é, levado a sério), tal como se manifesta na concepção cênica lapidar e monumental do retorno de Ulisses a Itaca, ao expulsar os cortejadores de Penélope, num fragmento dramático de R. J. Sorge (*Ulisses*, 1910), um dos mais importantes dramaturgos expressionistas.

A cena diante do palácio pátrio do vagamundo é uma plataforma vasta e vazia, com algumas rochas, debaixo de um céu noturno. As estrelas apagam-se e a tempestade amaina no momento em que Ulisses pega, silencioso, do gigantesco arco. A corda ressoa, com som profundo, poderoso. Vencido pelo mero gesto, o coro dos cortejadores corruptos exclama apavorado: "Ulisses!" Em seguida intervém uma longa rubrica: "Um relâmpago recorta o céu; vê-se Ulisses, com o arco preparado, a ponta da flecha visando os cortejadores. Estes se encontram na margem extrema da rocha. O relâmpago se extingue e Ulisses atira a flecha". A corda vibra, retumba e a flecha voa zunindo por sobre as cabeças dos adversários, mergulhando ao fim no

47

horizonte. "Os cortejadores, de costas, despencam abismo adentro. Um raio de sol vermelho chameja das profundezas, colorindo o céu. Em torno estende-se a aurora."

A ação múltipla, realista, rica, da epopéia de Homero é reduzida a um único gesto patético. Tudo se concentra na tensão de uma corda, num movimento coletivo de pavor, no vôo de uma flecha. O tiro de ensaio, que nem sequer toca nos corruptos, basta para aniquilá-los. O alvo, situado muito além da cena, é inefável. O vôo flamejante da flecha acende sobre a terra a aurora do futuro que extingue o universo podre do passado, através do ato majestoso do salvador. O gesto do herói — personagem que não deve ser caracterizado como grego para que não se tire ao redentor o sentido universal — anuncia a libertação mítica das trevas.

A cena, típica do expressionismo, é de intensa vibração emocional. Para um teatro poético não se lhe pode negar validade. Levado a sério, como neste caso, o mito tende sempre a essa monumentalidade singela, a essa grandeza que, feita de um só bloco, dispensa diferenciações. É evidente que tal teatro não serve para analisar a realidade na sua concreção empírica e na sua historicidade. Não se nega a qualidade teatral de semelhante projeto, nem a sua eficácia exaltadora. Visto, porém, a partir dos propósitos de um teatro brasileiro popular que vise especificamente à conscientização, semelhante idealismo, se decerto se afigura empolgante, é tão incapaz de interpretar a realidade social, ao nível da consciência contemporânea, quanto de outro lado o teatro naturalista, se decerto se afigura mais apto a analisar a realidade social, é incapaz de apresentar uma imagem empolgante das virtualidades humanas, devido ao seu positivismo chocho e ao seu freqüente materialismo mecanicista — tendências que em boa parte explicam o passivismo, e fatalismo das peças naturalistas (vê-se bem que Ibsen não se enquadra no naturalismo radical).

4. *Brecht e o Herói*

As posições do naturalismo — o homem somente objeto — e do expressionismo — a personalidade excepcional somente sujeito — são extremas e antidialéticas. O teatro de Brecht, embora em alguns dos seus traços represente uma síntese de ambas as tendências, adotando-lhes os momentos positivos e eliminando as negativas, não tem uma linha nítida no que se refere ao problema do herói. Entretanto, de uma forma geral, as suas peças maduras tendem a analisar a realidade a partir da vítima da sociedade, enquanto sugerem, quer a ignorância ou culpa da vítima que não toma consciência da sua capacidade de agir ou de agir de outro modo, quer a necessidade de transformar a sociedade para que deixe de haver vítimas (*Mãe Coragem, A Alma-boa de Set-Suan, O Sr. Puntila e seu Criado Matti* etc.).

Peças didáticas como *A Decisão, Aquele que Disse Sim* e *Aquele que Disse Não* apresentam teor especificamente anti-heróico. Na primeira, Brecht exalta a organização do partido, dentro da qual o indivíduo teria de apagar-se. Chega a admitir a eliminação do camarada que, mercê dos seus rasgos de heroísmo pessoal e romântico, põe em perigo o trabalho organizado. O teor da peça poderia ser interpretado como uma espécie de "heroísmo anônimo", "heroísmo do grande número". Isso corresponderia à opinião de Boal de que no conhecido poema das "Perguntas de um operário ao ler" Brecht "amplia o número dos heróis, sem destruir nenhum"[2], já que César deve ter levado consigo um cozinheiro e Alexandre certamente não conquistou a Índia sozinho. No entanto, o sentido do poema é a crítica ao conceito do herói. Este é, necessariamente, um ente singular. A ampliação do número de heróis aniquilaria a sua condição excepcional de herói. Mesmo se se admitisse a sua multiplicação indefinida, isso seria de pouco valor para o teatro. Só como ser singular ele costuma ter interesse para o palco que em geral é forçado a personificar e individualizar.

Quanto às outras peças mencionadas, a primeira (*Aquele que Disse Sim*) apresenta de fato um herói que diz sim quando se trata da sua auto-imolação em prol da coletividade. Mas a segunda peça (*Aquele que Disse Não*) nega a primeira. O jovem não tem a veleidade de ser herói e diz não: a coletividade deve encontrar uma saída, sem que seja necessário sacrificá-lo (é verdade que a situação, nesta peça, não é exatamente a mesma da primeira).

Também Galileu não é herói, apesar do argumento espirituoso de Boal: "O heroísmo de Galileu foi a mentira, como dizer a verdade teria sido tolice". É que, "para ser herói não é absolutamente indispensável ser burro"[3]. Se não precisa ser burro, o herói de outro lado, enquanto herói mítico, dificilmente será intelectual. Mesmo Ulisses, o mais inteligente dos heróis míticos, no fundo é apenas "rico de artimanhas", a sua inteligência é eminentemente prática, e o próprio Tiradentes,

---

2. AUGUSTO BOAL, ob. cit.
3. *Idem.*

tal como apresentado pelo Teatro de Arena, não brilha precisamente pela inteligência. Pelo menos segundo Hegel o herói atua movido por valores totalmente fundidos com o âmago de seu caráter e ser, valores que apenas sente e não pensa e articula. O pensamento já indicaria uma objetivação e generalização dos valores e a separação dos mesmos em relação à individualidade do herói. Este, ante um universo de valores já constituídos, deseroíza-se, torna-se em momento subordinado, casual, mero executor e, como tal, perfeitamente substituível. Já o verdadeiro herói é insubstituível, visto os valores existirem somente fundidos com ele, ainda não desvinculados da sua vivência íntima.

Mesmo se admitíssemos o heroísmo de Galileu, isso só poderia referir-se à primeira versão, ao passo que a segunda (e terceira) cuidam de lhe tirar os últimos resquícios de uma possível aparência heróica, já que praticou a ciência como uma espécie de vício, sem nenhum compromisso para com a humanidade.

Entre os personagens de Brecht é sobretudo – e quase exclusivamente – a da Vlassova, de *A Mãe*, que neste contexto deve ser ressaltada. É verdade, contudo, que a peça é uma adaptação de uma obra de Górki. Vlassova, apesar de humilde – de início até analfabeta – e representativa da mulher comum do povo, tem traços de heroína embora miúda; é astuta, tenaz, tem capacidade de organização, é pontual e exata, respeita a longa aprendizagem e os resultados do pensamento e sabe submeter-se à disciplina enquanto ao mesmo tempo é apta a liderar; conjunto de qualidades que não distingue o herói tradicional e que talvez a torne em algo aproximado do que Boal possivelmente imagina ser o "herói real". A Vlassova nada tem que ver com proposições míticas. O herói mítico evidentemente não serve para o teatro proposto, por mais que Boal se empenhe por ele (talvez na suposição de ter criado com Tiradentes um herói mítico). Não serve porque a mitização do herói implica a mitização da realidade em que se situa, visto ser impossível colocar um herói mítico dentro da realidade empírica.

A mitização fatalmente resulta em mistificação dentro de um teatro que vise a interpretar a realidade atual, em termos concretos, históricos. O mito pode ter importância enquanto se trata de interpretar condições e experiências supra-históricas do ser humano, tais como o amor, a morte, opções básicas em favor do bem ou do mal, do conformismo ou incoformismo, da liberdade ou da escravidão. Esse teatro pode ter perfeitamente valor analógico referido à realidade atual, mas não pode descer à análise e interpretação concretas dessa realidade para não perder o cunho mítico monumental e universal, tal como exemplificado pela cena modelar de R. J. Sorge. A Vlassova, mais que a bela personagem de Grusha, de *O Círculo de Giz Caucasiano*, personagem lendária num contexto lendário, representa exatamente a mulher comum, tal como é, sem deixar de representar a mulher incomum, tal como deveria ser, atuante e indomável. A sua realidade permite a análise da realidade e o seu humilde heroísmo permite a exaltação das virtualidades humanas. A criação de tal personagem — que evidentemente não é novo — é muito difícil. Na dramaturgia socialista ele aparece com freqüência, geralmente romantizado, vítima da pieguice e deformado por recursos demagógicos e fáceis. Não se trata, em geral, do herói humilde aqui exposto e sim de heróis, de feitio tradicional situados casualmente no ambiente proletário.

5. *O Herói no Teatro Brasileiro Atual*

Seria provavelmente compensador analisar a dramaturgia brasileira moderna segundo os critérios expostos, na medida em que estes se afiguram relevantes para ela e esta acessível àqueles.

Peças que se prestariam particularmente a tal indagação são, por exemplo, *A Semente*, com aquele Agileu Carraro, humilde e heróico, impulsivo e frio, humano e desumano, assim como *Gimba*, igualmente de G. Guarnieri, esta última pela mitização do criminoso do morro e das conseqüências mistificadoras que daí resultam na análise da realidade. Embora um tanto fora deste contexto, por se tratar de uma farsa, um personagem mítico como Pedro Mico (da peça de Antônio Callado) apresenta considerável interesse, mercê da mitização do malandro carioca. Qual a função de "heróis" desta ordem — aí também caberiam certos tipos populares de Suassuna — na interpretação da realidade brasileira?

Peças de Jorge Andrade como *Vereda da Salvação* e *Pedreira das Almas*, bem como a heroína de *O Santo Inquérito* (Dias Gomes), decerto apresentariam amplo material para o estudo crítico proposto, embora se trate em parte de peças históricas. Em *A Invasão* (Dias Gomes) surge um torso de possível herói humilde, na figura de Rafael que, contudo, não ultrapassa o esboço, à semelhança de Bastião, em *A Revolução dos Beatos*, do mesmo autor. Já Nhanhá, a heroína de *Homens de Papel*, de Plínio Marcos, não escapa aos chavões da heroína tradicional, colocada no submundo dos proletários esfarrapados. A sua reação heróica decorre da morte da filha a quem deseja dar um enterro digno. O comportamento desse "animal materno" em fúria brota inteiramente do impulso egoísta de mãe e é como tal, verídico e humano, bem segundo os padrões naturalistas desta peça de resto talentosa. Mas a exaltação é a de uma atitude ligada aos interesses mais imediatos. No âmbito desse naturalismo não se poderiam admitir virtualidades humanas e horizontes mais amplos. Nhanhá é personagem exatamente contrária à Vlassova de Brecht.

De interesse particular, no contexto das cogitações expostas, é *O Pagador de Promessas*, uma das raras peças brasileiras modernas em que aparece um verdadeiro "herói trágico" de certo cunho mítico. Distinguem-no a simplicidade e inflexibilidade quase monumentais e a pureza elementar das suas reações, bem condizentes com o mundo primitivo de onde provém ao invadir a cidade (seria interessante comparar esta peça ao filme *Barravento*, de Glauber Rocha, em que acontece precisamente o contrário: um personagem citadino penetra na aldeia dos pescadores, ainda ligados a padrões míticos). Em outro artigo[4] se constatou a sua consistência de herói em termos hegelianos: os valores que defende e a tarefa que deseja executar não foram por ele objetivados em termos conceituais; fundem-se completamente com sua personalidade. Por isso, sua responsabilidade é total: não pode delegar o seu problema a ninguém. Não há quem possa substituí-lo. Os fins e os meios, de tão singelos que são (isso se refere também à sua arma, a faca) fazem parte do seu mundo e do âmbito de sua personalidade, ao contrário do que ocorre por exemplo no caso de um militar moderno, cujo fins são (ou deveriam ser) propostos por políticos e cujos meios (produção de armas, comunicações etc.) escapam à sua competência; é por isso que Hegel não concede aos militares modernos *status* de heróis. O herói mítico (e para Hegel não existe outro) somente usa o que produz ou poderia produzir pessoalmente.

Embora herói e mítico (em certa medida), Zé do Burro excepcionalmente mostra qualidades de personagem até certo ponto representativo da realidade brasileira, isto é, de homem popular e quase comum (embora incomum), visto haver de fato regiões amplas em que de certo modo prevalece ainda um mundo primitivo, remotamente comparável ao do mítico "tempo dos heróis" descrito por Hegel (espécie de *far west* ou terra de cangaço). O perigo é que a mitização do herói — que naturalmente não chega ao radicalismo de Sorge — leve à exaltação deste mundo, em detrimento da cidade que tende a ser demonizada — o que implica certas deformações na análise da realidade brasileira em geral. Na economia da peça, admiravelmente bem construída, são inevitáveis certas conseqüências, uma vez con-

4. *Revista Civilização Brasileira*, n.º 14, p. 218, cf. também Cap. 3 deste livro, pp. 58-62.

cebido o herói miticamente simplificado. Decorre daí a força empolgante do herói, mas num sentido bem específico: ele poderia ser líder, mas só de movimentos místicos inconseqüentes; ele distribui terras, mas, como convém à simplicidade do herói mítico, não segundo princípios objetivos — por exemplo de acordo com uma idéia de reforma agrária — mas por impulso pessoal e intransferível, grato que é pela cura do burro; a sua morte é mola de uma revolta que, contudo, não é motivada por verdadeira conscientização e não importa em reivindicações verdadeiras. Ainda assim, é difícil concordar inteiramente com a crítica que Jean-Claude Bernadet fez à peça (falando do filme)[5]. É preciso constatar, sobretudo, que a reação popular é em si um dado importante. Na medida, porém, em que se concorda com a crítica do "reboquismo", é necessário acrescentar que a própria proposição do herói mítico e da interpretação da realidade daí resultante leva coerentemente a essa conseqüência. Qualquer conscientização do herói e das massas suburbanas solidárias com ele teria destruído a congruência íntima do herói e da peça. O herói vive ainda num mundo pré-político, é impermeável mesmo à sedução primitiva do populismo e é totalmente indiferente ao canto de sereia do repórter.

O que, no entanto, em outro plano dá à peça um realce todo especial e de sumo interesse, no contexto destas considerações, é a morte do herói. Evidentemente, a sua morte em si nada prova contra o herói. Ela ao contrário o exalta e confirma como herói. Entretanto, na ação da peça Zé do Burro se revela, apesar do seu heroísmo e precisamente por causa dele, isto é, precisamente por ser um herói *mítico*, como incapaz de enfrentar a cidade, ou seja a civilização contemporânea. Apesar da exaltação do herói — que se transmite plenamente ao público — a peça de certo modo mostra o naufrágio inevitável do herói mítico no mundo extremamente mediado da metrópole e da realidade brasileira atual — naufrágio que não só decorre do seu objetivo pessoal, de levar a cruz dentro da igreja, e da recusa do padre, mas da incapacidade do herói de se comunicar com a cidade, por viver num tempo diverso do tempo citadino (o tempo mítico em face do tempo histórico). A peça, apesar de glorificar o herói, sugere, talvez a despeito dela mesma, que Zé do Burro (nome que acentua certo teor quixotesco, inerente a ele e ao seu empreendimento) é superado por não poder lidar mercê da sua substância mesma de herói, com as complexas engrenagens da civilização moderna. Não é só o seu destino indi-

5. JEAN-CLAUDE BERNARDET, *Brasil em Tempo de Cinema* Ed. Civilização Brasileira, pp. 47-48.

vidual que o leva ao fracasso, mas o seu destino sobre-individual de herói tradicional. A crítica do herói, implícita na peça, anula a crítica de Bernardet. A revolta não poderia ser outra que esta; mesmo como semente o herói mítico não vinga no mundo contemporâneo.

A partir daí é perfeitamente lógico que Dias Gomes tenha escrito em seguida *O Berço do Herói*, sátira arrasadora ao herói e à construção e manipulação do seu mito no mundo atual. O suposto herói, aparentemente morto no campo de batalha, infelizmente ressurge vivo e tem de ser eliminado para não prejudicar a cidade natal que tantos esforços investiu na sua morte gloriosa e tão bem capitaliza o seu mito. A desmistificação atinge ao âmago do problema, quando o heróico cabo Jorge declara:

> Sabem o que acho? Que o tempo dos heróis já passou. Hoje o mundo é outro. Tudo está suspenso por um botão. O botão que vai disparar o primeiro foguete atômico. Este é que é o verdadeiro herói... E vocês ficam aqui cultuando a memória de um herói absurdo. Absurdo sim, porque imaginam ele com qualidades que não pode ter... Não vêem que tudo isso é absurdo? Quando o mundo pode acabar neste minuto. E isso não depende de mim, nem dos senhores, nem de nenhum herói[6].

Não poderia ter sido formulado de um modo mais lúcido e conciso a precariedade do herói de estilo tradicional, hoje inevitavelmente um Dom Quixote. Entretanto, o teatro — pelo menos em alguns de seus gêneros e na medida em que se propõe os objetivos definidos — necessita do "herói". É preciso repensá-lo e recriá-lo. Algumas das sugestões aqui apresentadas talvez sejam aproveitáveis. Mas a criação do herói humilde dependerá dos dramaturgos e não dos críticos.

---

6. DIAS GOMES. *O Berço do Herói*, Ed. Civilização Brasileira, p. 142.

3. A OBRA DE DIAS GOMES

I

A obra dramática de Dias Gomes, variada nos processos e formas, nem sempre homogênea no que se refere ao valor e às próprias aspirações artísticas, distingue-se, apesar de tudo, pela unidade fundamental. Essa unidade reside no empenho conseqüente e pertinaz por valores político-sociais — por valores humanos, portanto — mercê da visão crítica de um homem que não está satisfeito com a realidade do Brasil e do mundo. Não estar satisfeito com a realidade e analisá-la criticamente, aferindo-a segundo uma imagem julgada mais perfeita, segundo normas morais e sociais julgadas mais humanas, não necessariamente especificadas, mas subjacentes à própria crítica, são funções basilares do intelectual e escritor. Há, evidentemente, uma literatura encomiástica que glorifica a respectiva realidade contemporânea e exalta os poderes que a representam. Esse tipo de literatura não é necessariamente de qualidade inferior, embora com freqüência tende a sê-lo. Em geral, porém, pode-se concordar com a opinião de que toda literatura "que merece este nome encontra-se em oposição à sociedade a que pertence. Ela mede o ser pelo dever-ser e, visto que a diferença é insuperável, visto que a realidade nunca alcança o seu sonho, a literatura vive necessariamente exilada no Não". Contudo, tanto no caso do Sim como do Não, a literatura é, sempre, de uma ou outra forma, expressão de valorizações múltiplas, entre as quais não deixam de manifestar-se também as político-sociais, tão marcantes na obra de Dias Gomes.

A primeira peça da história cênica ocidental, *Os Persas*, é desde logo uma obra política. Sabe-se hoje que Ésquilo visava com ela não só a celebrar a vitória dos gregos sobre os persas, mas advertir os compatriotas de uma política de expansão que poderia levá-los a um desastre semelhante. Em *As Troianas* Eurípides dirige terríveis acusações de crueldade ao próprio povo. Aristófanes critica, com violência, a democracia ateniense, à base de uma concepção conservadora. Em *Macbeth*, Shakespeare propõe a imagem do bom estadista em face do usurpador. Nos *Bandoleiros* Schiller contesta as convenções sufocantes da sociedade absolutista e em *Guilherme Tell* investe contra os tiranos. A relação poderia ser facilmente estendida *ad infinitum*.

Segundo o crítico Eric Bentley, o artista talvez deva ser definido como "rebelde sadio", como "homem não-ajustado" (o que não quer dizer desajustado). Sobretudo o dramaturgo não pode furtar-se à tarefa de proporcionar aos espectadores, com certa freqüência, espetáculos perturbadores que satisfaçam precisamente por suscitar insatisfação, por revolverem as águas paradas do habitual conformismo satisfeito.

Dias Gomes pertence aos "rebeldes sadios", aos dramaturgos que fazem de sua obra focos de perturbação. O propósito crítico do autor, nítido nas nove peças reunidas em volume, realiza-se através de uma variedade de processos dramáticos. *O Pagador de Promessas* e *O Santo Inquérito* são tragédias, quase no sentido clássico do termo. *A Invasão* é um largo quadro naturalista que apresenta, em essência, apenas uma situação, um recorte da vida de um grupo humano. *Odorico, O Bem-Amado* e *O Berço do Herói* são tragicomédias de forte caráter farsesco, sobretudo a primeira. *O Túnel* é uma espécie de parábola política, menos uma peça que um capricho, aliás brilhante, próximo do cabaré literário. *Vamos Soltar os Demônios* é uma peça psicológica, de desmascaramento, na qual o autor, nos moldes de um drama matrimonial, critica precisamente o intelectual que costuma criticar a realidade; se a literatura vive necessariamente exilada no Não, o porta-voz deste Não é uma realidade que tampouco escapa ao Não; também no caso do intelectual a realidade está longe de alcançar o seu sonho. *A Revolução dos Beatos* e *Dr. Getúlio*, ao fim, são peças que se apóiam em tipos tradicionais de espetáculos brasileiros populares, no Bumba-meu-Boi e no enredo e desfile carnavalesco das escolas de samba.

O teor popular, no entanto, é acentuado em quase todas as peças, antes de tudo por se tratar de uma dramaturgia "em favor do povo", depois porque os conflitos, problemas e personagens, embora quase sempre de alcance e significado universais, se afiguram eminentemente brasileiros, como são eminentemente nacionais os costumes, condições e situações. As peças transpiram vida popular brasileira de todos os poros, também graças à linguagem saborosa, direta, rica de regionalismos, expandindo-se num diálogo espontâneo e comunicativo, de grande carga géstica e eficácia cênica. O brasileiro, sobretudo o povo simples, profundamente inserido nos seus costumes, vive, chora e ri nestas peças com uma autenticidade que lhe garante de imediato a identificação nacional. A veia cômica de Dias Gomes, explorando com graça a fala popular, o chiste, situações habilmente engendradas e personagens típicos, por vezes levados à caricatura, rega, em grau menor ou maior, todas as peças, mesmo a tragédia do pagador de promessas, com exceção somente do *Santo Inquérito*. A comicidade, porém, se abranda e aprofunda pelo enfoque humorístico, isto é, pela complacência com que são vistas as fraquezas humanas. O autor muitas vezes entra em conluio com tais mazelas, reconhecendo-as, senão como parte da humana herança, ao menos como conseqüência de condições histórico-sociais. Assim, mesmo aos vilões não cabe toda a culpa pela precariedade do seu comportamento. Esse humor, nascido da compreensão e simpatia, introduz um traço conciliador na dramaturgia de Dias Gomes que desde logo impossibilita o surgir de tendências de fanatismo dogmático, por mais contundentes que, por vezes, se afigurem as manifestações satíricas.

A dramaturgia de Dias Gomes apresenta e analisa, em todas as peças um mundo de condições, atitudes e tradições cerceadoras, de forças mancomunadas com a inércia, a estreiteza ou a hipocrisia; mundo carregado de pressões e conflitos que tende a suscitar a luta, franca ou dúbia, coerente ou não, pela liberdade e pela emancipação, pela dignidade e pela valorização humanas.

II

Dias Gomes iniciou-se cedo na literatura, como romancista e dramaturgo. Mas é só com o *Pagador de Promessas* que se impôs como um dos autores mais destacados do teatro brasileiro contemporâneo. Hoje, todo o mundo conhece a história de Zé do Burro que, em paga de uma promessa a Iansan/Santa Bárbara, salvadora do seu burro Nicolau, percorre sete léguas com uma pesada cruz a fim de depositá-la em Salvador junto ao altar da Santa. Ali, porém, se defronta com a resistência decidida do vigário da igreja. O conflito que se desenvolve com lógica inexorável, o encadeamento rigoroso das cenas, levando ao desfecho trágico, a unidade de ação, tempo e lugar, aproximariam a obra da tragédia clássica se o ambiente, os personagens populares e a prosa saborosa, de traços regionais, não estivessem em desacordo com a tradição aristocrática do classicismo.

Como convém à tragédia, a colisão entre o protagonista e o antagonista verifica-se em função de valores fundamentais, ao menos para os dois adversários e os grupos humanos a que pertencem; valores religiosos pelos quais se empenham até o âmago da sua existência. A religiosidade arcaica e o sincretismo ingênuo de Zé, para quem Iansan e Santa Bárbara, o terreiro e a Igreja, tendem a confundir-se, se chocam inevitavelmente com o formalismo dogmático do padre que, ademais, não pode admitir a promoção do burro a ente digno de promessas. À sua maneira, ambos têm razão; mas ambos pecam pelo excesso. Essa falta de medida é atenuada, no caso da Igreja, pela intervenção conciliatória do Monsenhor, disposto a fazer concessões. É Zé do Burro que não cede um milímetro sequer. Poder-se-ia definir este extremismo, em termos da tragédia grega, como a culpa, a falha trágica, a "cegueira" do herói, se não se tornasse evidente que a sua conduta decorre da defesa de convicções profundas, ligadas aos padrões arcaicos do sertão. A estas convicções ele não pode renunciar sem renunciar à sua dignidade e, portanto, à sua própria substância humana que se afirma no cumprimento do imperativo, para ele absoluto, contra as resistências dos outros e mesmo contra as resistências do impulso pessoal de autoconservação, que deveria impor-lhe o resguardo não só da própria vida, mas sobretudo da honra de marido ibero-americano, em face do desencaminhamento da mulher pela "cidade".

A evidência de a atitude inflexível, no que nela há de negativo, decorrer das condições sociais, e no que nela há de positivo, resultar do caráter íntegro de Zé do Burro, faz recair a simpatia sobre o indivíduo isolado em face da poderosa organização da Igreja, munida de todos os argumentos e de toda a lucidez racional. Mesmo buscando a conciliação, mesmo provida pelo autor de razões convincentes, ela não parece fazer jus às expectativas de sabedoria, caridade e tolerância generosa em face do indivíduo simples, puro e frágil, no seu desespero solitário e na sua fé ingênua. As próprias concessões propostas acabam confirmando a intolerância que, na palavra de Sábato Magaldi, se erige na peça "em símbolo da tirania de qualquer sistema organizado contra o indivíduo desprotegido e só"[1].

O conflito trágico da peça só pode tornar-se verossímil e carregar-se de força dramática se o mundo arcaico de que Zé do Burro é expoente e que lhe explica as atitudes, encontra plena exposição no palco. Só entendendo o misticismo popular do sertão, entende-se Zé do Burro e seu sacrifício. Temos de penetrar a fundo na mentalidade arcaica de Zé para compreendê-lo, vencendo a enorme distância que a separa da nossa, espectadores urbanos do século XX. É um critério da arte de Dias Gomes que ele nos faz saltá-la com facilidade, essa distância, a ponto de vivermos e sofrermos o destino de Zé como se fosse o nosso próprio e de, identificados com ele e com sua humilde grandeza, sentirmos exaltadas as nossas próprias virtualidades humanas. A nossa imaginação e o nosso coração estão com ele. Na realidade, porém, estamos bem mais próximos do repórter de Salvador que reduz a promessa do herói a um recorde esportivo. Com efeito, Zé percorreu na sua maratona a distância olímpica de 42 km em 24 horas, com o enorme *handicap* de uma cruz pesada que lhe transforma o ombro em carne viva. O repórter, ao exaltar este feito, representa de fato a nossa mentalidade quantificadora. O mesmo ocorre quando etiqueta a divisão do sítio de Zé, de acordo com a promessa, em termos de reforma agrária. Entendemos a suposição do repórter: essa distribuição de partes do sítio, prometida por Zé, não será um golpe para impressionar o eleitorado? Esperto, o repórter vê os aspectos sensacionais do caso. Este sujeito bronco é um produto vendável. Uma boa promoção, a organização da volta triunfal de Zé, cuja promessa mística, para ele caso de vida e morte, se transforma em artigo de consumo, podem resultar em excelente rendimento político-jornalístico. Mais tarde, quando o padre não admite que Zé deposite a cruz na igreja, adensando-se o conflito, entram em jogo interesses de propaganda mercantil. O misticismo ingênuo do povo, seu despreparo, sua credulidade, sua confiança, são aproveitados ou mani-

---

1. SÁBATO MAGALDI, *Panorama do Teatro Brasileiro*, São Paulo, Difusão Européia do Livro, 1962.

pulados, tanto nesta como em outras peças, por organizações políticas e comerciais.

No choque entre as mentalidades díspares de Zé e dos citadinos revela-se e se expõe, nitidamente, o mundo do protagonista. Não é entendido por ninguém, nem entende nada do que ocorre: "Moço, o sr. não me entendeu... Ninguém ainda me entendeu..." O humor com que é focalizada a figura patética e, aos olhos contemporâneos, levemente cômica do herói, marca e aprofunda a distância, ao caracterizar o pensamento arcaico, e ao mesmo tempo a supera, ao apontar-lhe, com simpatia e compreensão, a coerência ingênua. Temos aí o caso raro de uma tragédia pura, cujo herói mantém plena dignidade, apesar da perspectiva inicialmente humorística, abandonada na medida em que a substância humana de Zé se afirma e sobrepõe aos aspectos risíveis do seu desajustamento aos padrões culturais da cidade.

A tragédia individual de Zé revela-se desde logo como tragédia social, pois ela decorre da falta absoluta de comunicação entre o Brasil de Zé e o dos habitantes citadinos. Zé e a gente de Salvador parecem viver em planetas diversos. Décio de Almeida Prado salientou com precisão que Zé entra em choque não somente com a Igreja, mas "é toda a cidade de Salvador, com as suas prostitutas e seus rufiões (um deles seduz a esposa de Zé), os seus jornalistas e os seus negociantes interesseiros, os seus delegados e os seus padres bem falantes" que ele não consegue compreender[2]. O jornalista vende as convicções mais profundas do herói, transformando-as em manchetes. Zé, salienta o crítico, não sabe raciocinar nos termos universais e abstratos da cidade. "Apenas sente, intui." Vive num estágio mágico--mítico, avesso ao pensamento discursivo. Daí a promessa adquirir a realidade de um negócio. "É toma lá, dá cá." "Dar a palavra", é dar a coisa. Segundo o pensamento mágico-mítico (*pars pro toto*) a palavra dada é parte de Zé, como a mão que, pelo aperto, sela um trato. E na parte está o todo, o Zé integral. Por isso a promessa, coisa maciça, resiste a qualquer argumento dialético e envolve Zé integralmente, já que é parte dele.

Com Zé do Burro, Dias Gomes — cujo ceticismo em face do que se costuma chamar herói ressalta em outras peças — conseguiu criar um verdadeiro "herói trágico" que defende os seus valores com o empenho da vida contra os da cidade. Cada decisão de Zé brota do íntimo da própria consciência moral; consciência primitiva, sem dúvida, em parte movida pelo receio

2. DÉCIO DE ALMEIDA PRADO, *Teatro em Progresso*, São Paulo, Livraria Martins Editora, 1964.

de que o não-cumprimento da promessa poderia levar a Santa a ações punitivas contra ele ou o burro, mas, no seu primitivismo, reta e inflexível, surda às sugestões de compromisso provindas do clero ou da própria mulher.

A conduta de Zé caracteriza-o como o tipo completo do Messias virtual, enquanto a peça ao mesmo tempo sugere o contexto espiritual e social em que semelhante redentor, apóstolo ou penitente pode vingar e suscitar as esperanças sebastianas do povo mísero. No mundo apresentado por Dias Gomes o anseio da vinda do Libertador é tão intenso que pelo caminho a Salvador grande número de caboclos segue o "Santo", todos convencidos de que fará milagres. "E não duvide, diz a mulher de Zé, ele é capaz de acabar fazendo. Se não fosse a hora, garanto que tinha uma romaria aqui, atrás dele." A mesma predisposição para a fé em milagres encontramos em *A Revolução dos Beatos*.

Neste mundo primevo, embora já não tão intensamente identificado com ele, vive ainda Rosa, a mulher de Zé. Insatisfeita, volúvel, vacilante na lealdade ao marido, ela já é contaminada pela civilização. Não tem a unidade sólida e um pouco bronca de Zé. Por isso não resiste à sedução do proxeneta que, juntamente com sua prostituta, é o primeiro demônio enviado pela cidade babélica. Mas ela ainda invoca Santa Bárbara, tentando racionalizar o fato de ter traído o marido com o rufião. Ainda se agarra, para justificar a sua falta, a mecanismos mentais primitivos: "Santa Bárbara me usou para pôr você à prova..." É raro um herói trágico ser apresentado como "corno manso", tipo que pertence à comédia. Contudo, no contexto da peça, esse incidente não lhe diminui a estatura moral. Antes, acentua a sua solidão num mundo corrupto, a impressão de trágica cegueira em relação a tudo que não se ligue ao cumprimento da promessa, meta que literalmente lhe ofusca a visão.

O mundo de Zé é caracterizado com delicado cuidado, nos pormenores do sincretismo, que funde candomblé e religião católica, nos aspectos da medicina popular, tão importante naquele ambiente pobre, campo das atividades dos rezadores. Também a função dos "apóstolos", além de difundirem a esperança de redenção social, é a de salvar tanto a alma como sobretudo o corpo. A essa atmosfera de imaginação mítica pertence também o burro, amigo íntimo do dono. Zé o considera como seu igual e se refere a ele com doçura comovente. Essa relação não é só sintoma de um mundo afastado da vida técnico-urbana, lidando essencialmente com o universo orgânico-vegetativo, ao contrário do predomínio dos elementos anorgânicos no mundo moderno (fato de que se originam desde logo atitudes bem diversas); é antes de tudo expressão da mentalidade mítica que não conhece diferenças fundamentais entre o ente humano e o mundo animal e vegetativo, concebendo o homem em diálogo íntimo com a natureza.

Ao mundo de Zé opõe-se o da cidade que é apresentado com as rápidas pinceladas de um vasto painel social através de expoentes variegados. Estes se situam numa escala de personagens tipificados, desde os mais integrados nos padrões citadinos, altamente representativos da civilização moderna, até os que, suburbanos, ainda não pertencem plenamente a ela. A prostituta, mormente seu rufião, representam o cinismo e a corrupção moral, o padre, o formalismo abstrato, o guarda bonachão, o jeitoso oportunismo, o repórter, a agilidade esperta de uma mente estruturada em torno de clichês superficiais, desumanizada por um ambiente de contatos breves e apressados, raciocinando em termos de consumo de sensações; o tira, o galego e outros sugerem vários graus de mentalidade interesseira, fria e impiedosa. Dedé Cospe-Rima medeia entre este grupo e o dos elementos periféricos, ainda ligados ao mundo mítico-africano, desde Minha Tia e Mestre Coca até Manuelzinho Sua Mãe e a Roda de Capoeira, grupo humilde que se solidariza espontaneamente com Zé do Burro e, ao fim, leva a cruz, com o crucificado, para dentro da igreja, numa explosão de revolta contra a rigidez das autoridades religiosas e seculares.

Não se pode negar que Dias Gomes acentuou em demasia os traços negativos da cidade de cujos representantes mais característicos não se salva nenhum, enquanto toda a simpatia recai sobre os personagens ainda ligados ao mundo rural ou arcaico. Tal enfoque, atribuindo integridade humana somente aos que não fazem parte da civilização moderna, desequilibra um pouco o todo estético; ameaça glorificar um mundo superado e sacrificar a veracidade a uma visão romântico-saudosista. A peça não escapa totalmente ao perigo de demonizar a cidade e de heroízar o subdesenvolvimento. Tal procedimento é justificado em boa parte, mas talvez não totalmente, pela necessidade dramatúrgica de carregar nas tintas para sugerir a culpa da grande cidade pelo fato de existirem vítimas crucificadas como Zé do Burro e de se perder tanto potencial humano valioso, posto de lado e entregue a uma vida marginalizada. À cidade, centro do poder político e das decisões de maior alcance, cabe sem dúvida boa parte de culpa por permitir que o sertão continue separado dela pela distância imensa que é a causa do conflito trágico da peça. Entretanto, nela se concentram também forças positivas, indispensáveis ao avanço da nação[3].

3. Tendo a peça de Dias Gomes *O Pagador de Promessas* sido

III

É em *A Revolução dos Beatos* que Dias Gomes retifica a aparente supervalorização do mundo arcaico de Zé do Burro, apresentando um amplo e colorido quadro do misticismo popular, nos seus aspectos dúbios e no seu primitivismo manipulado. Ao mesmo tempo frisa o que ficou nas entrelinhas de *O Pagador*: a culpa da cidade pelo atraso da hinterlândia. Exatamente isso é confirmado por Floro Bartolomeu, protótipo do político manipulador da ingenuidade popular, mentor intelectual do Padre Cícero e aproveitador do seu carisma. Zabelinha, mulher simples e crente, diz a Floro que a chama de ignorante: "Ninguém tem a culpa de ser ignorante". E este reconhece: "É... é possível que a culpa seja nossa mesmo".

Se *O Pagador* nos sugere o misticismo popular através do diálogo e do comportamento do herói, apoiado por alguns elementos periféricos, *A Revolução dos Beatos* introduz-nos no centro mesmo do fanatismo religioso, em Juazeiro. A ação se passa em 1920, quando o Padre Cícero contava cerca de 75 anos. Ainda na plenitude da sua força carismática, atrai inúmeras

amplamente apreciada pela crítica especializada, a ela iremos nos referir apenas na medida de sua transposição cinematográfica.

Abrimos porém um parêntesis para situar nossa compreensão da peça:

O próprio autor, Dias Gomes, segundo palavras suas impressas no programa do espetáculo do T.B.C. e mais recentemente através de uma mesa-redonda, teria posto na/ou inferido da peça, razões de ordem político-social e resumido, no seu depoimento para a televisão, o problema do filme como o problema da liberdade. Não negamos as condições políticas e sociais que permitiram a existência de um humílimo Zé do Burro, tampouco o sincretismo religioso existente na Bahia e outros fatores responsáveis pela eclosão de sua tragédia. Apenas negamos a insinuação – se é que interpretamos bem as palavras do autor – de que vencidas determinadas situações de ordem político-social e instaurada a autêntica liberdade do homem, não mais haveriam condições para o aparecimento, calvário e morte de um Zé do Burro. Estamos totalmente em desacordo. Na sua expressão local, sem dúvida o personagem e a subseqüente intriga deixariam de existir, não porém na sua essência. A nós o problema se apresenta inerente a um aspecto da condição humana e não a um processo histórico, podendo ser transposto para qualquer outro plano ou tempo. Seria o problema da absoluta pureza, do personagem unívoco, devorado pelo cotidiano, sem os julgamentos intermediários, sem os pequenos elos e pontes de raciocínio, totalmente inteiriça, ausente de condições para manusear e viver o senso comum. Podemos facilmente imaginar um Zé do Burro colocado em um outro extremo cultural: o ambiente universitário de um país da Europa, por exemplo. O excêntrico e ingênuo professor seduzido pela idéia fixa de sua obra (de valor ou não, não vem ao caso), inteiramente fiel a ela, lentamente destruído pelo bom senso e o equilíbrio de todo um grupo, pela sua intolerância ou incompreensão.

63

romarias de lugares longínquos, reunindo em Juazeiro massas ansiosas de amparo sobrenatural e cura milagrosa. Um telão com um mapa do Ceará — tal como também usado por Piscator no seu teatro popular — explica através de uma estatística (milagres: 1302; escolas: 2; crianças sem escolas: 94% etc.) o mundo desta peça e da anterior. A ampla seqüência de 14 quadros, de grande riqueza e movimentação cênicas, com cantos dos beatos aguardando a bênção do "Padrim", danças dos romeiros e do santo animal, segundo o bailado dramático do boi-surubim, com fogos de artifício, explosões de frenesi de fanáticos, moribundos aleijados, faz surgir, comparável a uma pintura primitiva, o ambiente tosco e colorido, o mundo místico dos romeiros.

O autor insere com habilidade alusões aos jagunços de Zé Pinheiro, a serviço do Cel. Costa Lima, ou à presença de criminosos e cangaceiros. Tais alusões associam-se intimamente ao enredo e desta forma é evocado, sem que a ação se detenha, o pano de fundo histórico da região, nos seus aspectos econômico-sociais e culturais. Deste modo se começa a entender o fenômeno do Padre Cícero e o enorme "mercado" de que dispunha. A miséria, as secas, o anseio de cura e redenção, a mentalidade mítico-mística, a situação caótica da região, na época em foco, já seriam razões suficientes. Acrescentem-se os interesses eleitoeiros, expostos no personagem de Floro Bartolomeu, sem falar dos "coronéis" que, no que tudo indica, tiravam benefícios da concentração de massas miseráveis, visto que a presença delas, depois da abolição, lhes facilitava obter mão-de-obra barata[4].

Baseado em várias fontes, Dias Gomes apresenta um retrato mental e moral assaz negativo do Padre Cícero, então prefeito abastado, proprietário de gado, homem vacilante, incapaz de uma opção decidida, extremamente retrógrado em questões de ensino. Segundo a peça, o Padre é instrumento dócil nas mãos de Floro, seu médico e orientador em questões políticas. Floro, personagem cuidadosamente elaborado, é o modelo do político beneficiado por estruturas interioranas atrasadas e pelo eleitorado cabresteiro. Ele ressurgirá em outras peças, na máscara de outros personagens, mas sempre semelhantes nos traços essenciais. Floro manipula habilmente as crendices do povo, fazendo do "Padrim" o seu grande cabo eleitoral. Segundo Rui Facó, Floro, falso romeiro, era um "tipo de coronel que se foi tornando comum no Brasil com o crescimento da bur-

---

4. RUI FACÓ, *Cangaceiros e Fanáticos*, Rio de Janeiro, Editora Civilização Brasileira, 1965.

guesia nacional. É um misto de coronel e burguês, de latifundiário e capitalista, simultaneamente chefe de cangaço e político das grandes capitais, e que... vai defender.... os interesses da sua grei, mas procurando conciliar por todos os meios os interesses da burguesia e do latifúndio".

A figura histórica de Floro, inserida, como a do Padre, no enredo imaginário, e elaborada, como esta, em função da verdade da ficção, mais profunda que a da história, surge na peça como personagem esperto, dominador, perfeitamente consciente do seu miúdo maquiavelismo, à semelhança dos seus colegas nas outras peças. "Em política, meu caro, o que conta em primeiro lugar é a habilidade de tirar de qualquer acontecimento o máximo de vantagem em benefício próprio... quer dizer, do partido." O cinismo mal anulado desta observação é rematado pela concepção de que "em política é verdade aquilo que nos convém". Seu conhecimento da realidade, longe de servir para melhorá-la, é meio para engambelar e corromper os incautos.

Tanto nesta peça como na anterior um quadrúpede desempenha papel importante. O burro é substituído pelo boi, animal bem mais ligado às representações coletivas do Nordeste. Os personagens Zabelinha, Bastião, Mateus, Capitão Boca-Mole, Vaqueiro são tradicionalmente ligados ao bailado popular do Bumba-meu-Boi. Dias Gomes conseguiu integrar neste mundo folclórico com habilidade, através de uma espécie de colagem, os fatos e personagens históricos, em função da crítica social.

Também nesta peça a ação se desencadeia em conseqüência de uma promessa, feita por Bastião. Zabelinha, em virtude da promessa (e também um pouco porque acaba de ser abandonada pelo marido) se apaixona de forma fulminante pelo enrabichado até então recusado. Quem concede a graça ao rapaz é o "Boi simpático", presente recebido pelo Padrim. Bastião cumpre a promessa: rouba capim fresco para o santo animal que, confirmando ser santo, não aceita a dádiva roubada. A partir daí o Boi milagreiro torna-se centro de romarias, superando, nos milagres, o próprio Padre. Mateus, que toma conta do animal, faz bons negócios vendendo bosta, secreções, pelos e outros fragmentos do Boi-Santo.

A situação, já em si hilariante, passa a revestir-se de comicidade irresistível quando Floro verifica o perigo da conjuntura. O Boi, competindo com o próprio dono, sendo, ademais, incorruptível, já que não é humano, enfraquece a posição do Padre como cabo eleitoral. O riso se nutre, em boa parte, da luta do deputado e *Homo sapiens* Floro contra o animal humilde, mas de alta relevância política. Uma das mais profundas raízes do cômico, o desajustamento e o choque entre os fins humanos e as cegas leis causais da natureza, que escapam do controle humano e lhe frustram os planos, é explorado com maestria por Dias Gomes: os objetivos espertos de Floro quase naufragam por causa de um Boi. No fundo, porém, é o quadrúpede irracional quem tem razão, representante que é do povo. Este, graças a ele, tem, de um modo errado, a intuição certa de que Floro não defende os interesses do povo. Este início de lucidez se manifesta de modo mais nítido em Bastião. Alertado pelos transes da ação, começa a "desacreditar de uma porção de coisas". Se no início é um homem vivendo no mundo arcaico de Zé do Burro, ao fim se abeira, embora perplexo, do nosso século, em vias de libertar-se das crendices. No seu todo, a peça se destina a desmascarar certos mecanismos de manipulação do povo. É, por assim dizer, o auto-satírico que remata a tragédia de Zé do Burro.

Ambas as peças em conjunto apresentam um quadro vivo dos aspectos fundamentais do misticismo popular. Mostram o povo sofredor, desenganado porque suas reivindicações justificadas e plenamente reconhecidas pela própria sociedade não encontram eco na *praxis* política. Frustrado nas suas expectativas, é levado a projetar os seus anseios no suposto mensageiro messiânico que lhe nutre as esperanças de reabilitação, ainda neste mundo, em face das injustiças sofridas[5]. As obras sugerem, em termos ficcionais, algumas das causas básicas dos movimentos messiânicos de que Dias Gomes, de resto, não só vê os lados negativos, mas também o que neles se manifesta de energia, pureza, solidariedade e heroísmo, infelizmente canalizados para comportamentos irracionais e desvinculados da realidade.

Zé do Burro encarna o que há de grande e admirável naquela humanidade espezinhada, enquanto ao mesmo tempo a representa em todo o seu primitivismo e atraso e nos aspectos que, à visão citadina atual, se afiguram estranhos e comoventemente humorísticos. É o Santo virtual, capaz de cristalizar as esperanças do milênio. A cidade o crucifica, mas ele continua presente. O Padre Cícero e Floro representam, segundo a concepção da segunda peça, uma constelação viciosa: o homem carismático manipulado por interesses econômico-políticos,

---

5. MARIA ISAURA DE QUEIROZ, diversos trabalhos sobre os movimentos messiânicos no Brasil; MAURÍCIO VINHAS DE QUEIROZ, *Messianismo e Conflito Social*, Rio de Janeiro, Editora Civilização Brasileira, 1966.

pondo-se a serviço deles e manipulando por sua vez a massa crédula. O povo identifica-se inconscientemente com o Boi--Santo, animal cheio de mansuetude e cordura, repentinamente rebelde e violento, ao fim sacrificado. Exaltado no Bumba-meu--Boi, ele revive, indestrutível. A lucidez crescente de Bastião sugere renovações e metamorfoses.

IV

Totalmente diversa das peças anteriores, tanto na estrutura como no ambiente, *A Invasão* apresenta os problemas de um grupo de favelados no Rio de Janeiro, que perderam os seus barracos no morro, em conseqüência de uma enxurrada. Não podendo reconstruí-los devido à intervenção da polícia — segundo ela, para prevenir novas calamidades, segundo alguns personagens, por estar ela mancomunada com interesses de grilagem — os favelados invadem o esqueleto de um prédio, cuja construção foi paralisada há vários anos, e ocupam os "apartamentos" ainda sem paredes. A peça se documenta num fato real, que se tornou notícia como o caso da "Favela do Esqueleto". O autor focaliza, de entre os numerosos "apartamentos" invadidos, apenas quatro, dois do andar térreo e dois do primeiro andar, ocupados por duas famílias, um casal e um indivíduo isolado.

O segmento espacial, recortado "casualmente" pelo foco de luz lançado sobre os quatro "apartamentos" e seus habitantes e destacado por uma espécie de *close up* cênico, sugere possibilidades de ampliação, através de um movimento panoramizador da "câmara" narrativa, tanto em direção vertical como horizontal. Deste modo se apanharia todo o prédio e, além dele, todo o subproletariado do Rio de Janeiro que se espalha pelos morros e bairros pobres.

Ao recorte espacial, ao mesmo tempo sociológico, corresponde o temporal, cerca de oito meses, uma "fatia" da vida atribulada dos favelados. O palco simultâneo dá certo cunho narrativo (épico) à peça, visto pressupor um narrador encoberto selecionando momentos em que ilumina este ou aquele "apartamento", ao contrário da ação una e contínua do drama tradicional, ação auto-impulsionada pela lógica interna do encadeamento causal das cenas. A peça, com efeito, não visa a apresentar primordialmente uma ação. Retrata uma *situação*, à maneira de muitas peças naturalistas, fato comprovado pela estrutura de recorte ou "fatia de vida". Por isso, a peça não tem propriamente "começo": a invasão da propriedade alheia não é o começo de uma ação e sim a continuação de uma situação anterior essencialmente semelhante, apesar de agora ainda mais instável do que antes. Tampouco a peça tem fim, pois a morte de Mané Gorila, o explorador dos favelados, não trará nenhuma modificação da situação fundamental. A peça poderia, em si, continuar o que, evidentemente, não é o caso de *O Pagador de Promessas*. A escolha do prédio invadido, em vez do morro, para retratar a situação, justifica-se dramaticamente pelo valor demonstrativo e exemplar da intensificação da instabilidade habitual. A normalidade é levada, paradoxalmente, ao extremo, processo teatral legítimo. Tensões normais de uma existência precária e desprotegida, em barracos de que ninguém sabe a quem pertencem, administrados por parasitas como Mané Gorila, e dos quais os inquilinos podem ser expulsos a qualquer momento por intervenção de forças naturais ou humanas, são radicalizadas pela ameaça mais direta de expulsão e se revestem de vigoroso poder comunicativo, sem que se rompa a normalidade da situação. Traço comovente, sugerindo os anseios de maior bem-estar e a infinita capacidade de adaptação, é marcado pela cenografia: visto que, contra todas as expectativas, a estada no prédio se prolonga, os "inquilinos" introduzem melhorias nas suas "residências", não só para aumentar o conforto, mas para acentuar a ilusão de posse e para dar a ela um cunho mais definitivo.

Os habitantes dos quatro apartamentos se distinguem, se assim se pode dizer, pela sua tipicidade. Isabel lava roupa, seu marido Benê, antigo profissional de futebol, anestesia as mágoas da miséria atual com a bebida e com o sonho do futuro futebolístico do filho Lula. Este, porém, quer ser apenas operário, e consciente. Seu preceptor é Rafael, personagem que não aparece em cena, mas cujo nome suscita receios e aversões entre a maioria dos favelados, completamente destituídos de consciência política. Lula corresponde a Bastião, de *A Revolução dos Beatos*, em nível urbano o mais avançado. A sua resistência ao futebol decorre de sua crescente lucidez que encontra seu contraste mais radical no Profeta, ocupante de outro "apartamento". As mesmas experiências e preocupações de Lula, as mesmas aspirações reivindicatórias de justiça, que a este se afiguram já como problemas políticos, o Profeta as traduz ainda nos termos do misticismo popular do qual é um expoente perdido na metrópole. O respeito supersticioso e medroso com que os outros habitantes lhe ouvem os sermões apocalípticos revela os liames que ainda persistem entre o morro carioca e o mundo dos beatos. Os representantes arquetípicos do morro são o casal de negros Bola Sete e Lindalva, ele pedreiro, mas principalmente sambista que, ao fim, terá uma música gravada, não sem o auxílio de despachos. Bossa só, sem orixá, não chega. No quarto "apartamento" instalou-se uma família nordestina, Justino e Santa, com quatro filhos, dos quais o menor, alimentado a mingau de farinha, acaba não "vingando", como tantos outros filhos do mesmo casal. A cena da morte do bebê é uma das mais patéticas do moderno teatro brasileiro, precisamente pela falta de *pathos* e ênfase, pela silenciosa aceitação com que a mãe, há muito habituada a ver os filhos não vingarem, se inteira da morte da última criança. Os vizinhos, aparentemente, se sentem bem mais atingidos que Santa. "Foi melhor para ele", diz a mãe. E logo: "Precisa ficar todo mundo com cara de palerma, não". A família nordestina está em plena dissolução. Nem Tonho, o filho maior, que acaba de encontrar trabalho como servente de pedreiro, nem as duas filhas que dificilmente escaparão da prostituição, pensam em voltar com os pais à Paraíba, único anseio de Justino.

O quadro dos "inquilinos", incisivo e convincente, é necessariamente plano, feito com a técnica de mural. Logo focalizados, logo devolvidos ao fundo anônimo do coletivo, os personagens se revelam, pela hábil movimentação cênico-dramática, no seu inter-relacionamento, na sua ocasional solidariedade, nos seus interesses, angústias e esperanças. Pungente é a determinação de Justino de voltar à sua terra flagelada, o seu orgulho ferido ao ter de admitir a mendicância da esposa, a sua resignação ao perder as filhas à "vida fácil" da cidade. O futebol como canal de ascensão econômica e social nutre as esperanças de Benê, até que reconhece, num momento de lucidez, que vive de uma ilusão. "Ningúem pode ser atleta no Brasil... trabalhando como uma besta, comendo mal... Um ou outro escapa... uns heróis!"

Alguns poucos personagens representam o mundo adverso, fauna de feras e sanguessugas, mormente a figura sinistra e estranhamente humana de Mané Gorila, cabo eleitoral do deputado Dr. Deodato. Este, espécie de Floro metropolitano, aproveita, de conluio com tiras corruptos, a ingenuidade dos invasores para bancar o protetor dos pobres. Através dessas personagens transparece um mundo intricado de grileiros, juízes, políticos, empresários e aproveitadores que, de combinação, constituem uma engrenagem parasitária e trituradora. Envolvido em brumas kafkianas, esse aparelho é humildemente aceito pela maioria; é interpretado em termos míticos pelo Profeta e tenuemente penetrado pelas luzes que o invisível Rafael procura acender na cabeça de Lula.

A peça, destituída da dimensão histórica, se satisfaz em ser apenas um flagrante da realidade, em boa parte por causa do estilo naturalista. Abordando os problemas, necessariamente, a partir do horizonte limitado de personagens pouco esclarecidos (embora ricos de experiências vividas), sem aproveitar o esboço da estrutura narrativa para acrescentar o horizonte mais amplo de um narrador, a obra, por força do próprio estilo, mas dentro dele obtendo resultados notáveis, se limita a ser o retrato, não raro agudo, de uma situação, sem poder penetrar em planos mais profundos.

V

Com a comédia *Odorico, o Bem-Amado* voltamos à Bahia. A peça, de forte teor farsesco e de um humor tumular que não consegue ser negro, por ser saboroso demais, situa a ação numa pequena cidade de veraneio do litoral. Ali os pescadores, quando um velho colega, que há muito "precisava ir pro estaleiro", por fazer "água por todos os lados", ao fim acaba "embarcando", não podem deixar de admirar-se porque "esticou em terra mesmo", uma vez que Dona Janaína "não quis ele". Até as filhas do falecido "levantaram âncora". O que desencadeia a ação da comédia é a localização distante do cemitério, em outra cidade. Os que acompanham o defunto, têm "três léguas pela proa". Daí não surpreender que o demagogo Odorico — político do clã dos Floro e Deodato — se eleja prefeito ao prometer aos eleitores ("Queremos um cemitério!") uma necrópole de localização próxima. "Bom governante, minha gente, é aquele que governa com os olhos no futuro. E o futuro de todos nós é o Campo Santo."

Odorico, como bem se vê, é um malabarista semântico, como muitos políticos que renovam com habilidade incrível o sentido das palavras. Afinal, o próprio Kant já vaticinou à humanidade um possível futuro pacífico — na paz do cemitério — graças à atividade preclara dos políticos. Eleito, Odorico cumpre a palavra. Gasta o dinheiro que se destina à vida (luz, água) para a construção do cemitério, adiando a inauguração festiva até o momento do primeiro enterro. E deste modo Odorico consegue inverter os valores de uma cidade inteira, a ponto de a vida passar a ser um vício e a morte (naturalmente dos outros) virtude e meta supremas. A idéia é espantosamente cômica, de uma comicidade estarrecedora, carregada de um simbolismo de tremenda virulência satírica. Para inaugurar é preciso ter um defunto. Mas, por desgraça, nenhum turista se afoga, nenhuma calamidade se abate sobre a cidade e os moribundos têm o desplante de ressuscitarem. Na ordem estabelecida por Odorico, o bem vira mal e o mal, bem. O bandido sanguinário, chamado às pressas para exercer as funções de delegado e fazedor de defuntos, torna-se vilão no momento em que se regenera. Sua maldade consiste em tornar-se homem de bem. Em vez de matar o redator oposicionista — personagem importante da peça — vende-lhe a história da sua vida de pistoleiro.

A interferência cega e boçal da natureza nos projetos humanos, raiz freqüente do cômico, como já foi sugerido (pense-se nos grandes planos agrícolas de Policarpo Quaresma, desfeitos pelas formigas), inverte-se nesta peça de valores invertidos, à semelhança do que ocorre em *A Revolução dos Beatos*: o comportamento do homem, embora espertamente planejado, no fundo é cego e boçal e tem de ser corrigido pela sabedoria da natureza. O resultado, de qualquer modo, é cômico ou tragicômico. Se no início a natureza intervém pela omissão, anulando os projetos de Odorico pela paralisação do evolver natural das coisas que leva à morte, ao fim ela lhe frustra a última intriga demagógica pela lei do ricochete ou do *boomerang*. Não só a idéia da bala e sim todos os planos volvem-se contra o autor, confirmando o provérbio de que o feitiço se vira contra o feiticeiro.

A peça se resolve no nível da pura comicidade, com leve toque de humor negro. Os caracteres, sabiamente, não foram aprofundados por um humor mais participante, graças ao tom caricato e burlesco. Semelhante procedimento facilita a "anestesia do coração", necessária em obras deste tipo, como bem observou Bergson.

VI

A tragicomédia *O Berço do Herói* assemelha-se em alguns pontos à comédia anterior, sobretudo no tema central de se valorizar a morte, em vez da vida. Ressurge também o típico político, agora o "Major" Chico Manga, chefe de uma pequena cidade baiana. Uma rubrica o caracteriza:

> Negocista, demagogo, elegendo-se à custa da ignorância de uns e da venalidade de outros, convicto, entretanto, de ser credor da gratidão de todos pelas benfeitorias que tem conseguido pela cidade. E talvez o seja até certo ponto. É dessa classe de políticos — bem numerosa, aliás, entre nós — que acha que o relativo bem que fazem os absolve de todo o mal que espalham. O que se deve fazer é tirar o maior proveito possível do mal em favor do bem.

Se em *Odorico* é o cemitério que exige um defunto, nesta farsa trágica toda uma cidade vive de um morto, como os urubus da carniça. O suposto finado, herói da Segunda Guerra Mundial, é a razão do fabuloso progresso da cidade que lhe foi berço, lhe ergueu uma estátua e que, graças ao filho famoso, se tornou centro de indústrias, de turismo e vida noturna. Sem o mito do herói, amplamente comercializado como excelente produto de consumo, tudo se desmoronaria. Quando o suposto herói, após dez anos de ausência, volta da Itália, a sua presença viva, ainda ignorada pela cidade, se torna uma ameaça terrível. Evidencia-se que um homem pode ser mais útil morto do que vivo. O tema, no seu moralismo, se equipara aos de *Um Inimigo do Povo*, de Ibsen, e *A Visita da Velha Senhora*, de Duerrenmatt, peças em que igualmente se mostra a corrupção progressiva e o progresso corrupto de cidades inteiras, devido à mentira nutrida por interesses político-econômicos. A peça é contundente na sua lógica interna e na riqueza de pormenores desmascaradores de mecanismos sociais pervertidos. Tão aguda quanto hilariante é a devassa da relação contraditória, nas condições prevalecentes, entre progresso e decomposição moral; dialética a que é particularmente sensível o vigário, já que, homem probo, dela tanto é vítima como, apesar de tudo, aproveitador.

O herói Jorge é o anti-herói da peça. Não foi herói no campo da batalha, mas quase se torna herói na cidade que é seu berço, ao lutar pela liberdade de *não* ser herói e ao combater uma engrenagem que se alimenta da mentira. Entretanto, o simbólico e tragicômico desfecho no bordel nada tem de heróico. Nem conviria introduzir um herói trágico numa peça cuja sátira visa a desmascarar o absurdo do mito do herói guerreiro na época da bomba atômica. O interesse maior da peça reside precisamente no fato de ser expressão lúcida da "crise do herói", já exposta por Hegel e Nietzsche.

Pode parecer paradoxal que o criador de figuras como Zé do Burro e Branca Dias (de *O Santo Inquérito*) critique nesta peça a idéia do herói. Deve-se supor que Dias Gomes não se dirija contra o herói em geral, mas apenas contra certo tipo de herói. Talvez se possa distinguir duas categorias de heróis: aquele no qual o homem celebra as virtualidades humanas — seus anseios, esperanças, aspirações e vitórias morais, sua vontade indomável, mesmo quando excessiva, selvagem e sem medida, mormente, porém, seu triunfo espiritual ainda no naufrágio e na humilhação, quando se revela a sua dignidade inquebrantável; e aquele outro que é exaltado pelas suas façanhas guerreiras ou concebido como agente individual eficaz da história ou então como salvador ou libertador da coletividade. O primeiro poderia ser chamado "herói representativo" por representar exemplarmente, pela sua opção e ação, a grandeza humana, mesmo nos seus lados escuros; o segundo talvez possa ser definido como "herói operativo", já que se lhe atribui, individualmente, ações de grande eficácia pragmática e de alcance excepcional.

A distinção é teórica, visto na maioria dos casos ambos os tipos se fundirem, com preponderância maior ou menor de um ou de outro aspecto. Assim, Hércules seria o herói quase inteiramente operativo; Antígone, a heroína quase exclusivamente representativa, embora sua ação e morte não deixem de ter também repercussão na vida coletiva, através da derrocada moral do rei Creonte. Em Édipo, ambos os lados se equilibram: ele representa exemplarmente as virtualidades humanas, ao prosseguir na busca da verdade embora já pressinta que ela vai destruí-lo; e ao mesmo tempo salva Tebas do castigo da peste, graças ao seu auto-sacrifício. É evidente que somente no universo mítico seu sacrifício poderia ter este efeito e somente nele as façanhas de Hércules seriam possíveis. Pode-se dizer de uma forma geral — e este ponto foi destacado sobretudo por Hegel — que todo herói autêntico tende a ter traços míticos, mormente o operativo. Por isso mesmo ele só pode funcionar, como tal, no mundo mítico.

Zé do Burro é um herói preponderantemente representativo, embora não lhe faltem potencialidades operativas. Estas, porém, não podem vingar na cidade moderna, precisamente por ser ele um herói de traços míticos, provindo de um mundo de padrões mentais arcaicos, mundo primitivo, remotamente comparável ao do mítico "tempo dos heróis" descrito por Hegel, espécie de *far west* ou terra de cangaceiros (ver por exemplo os filmes de Glauber Rocha). O herói mítico é responsável pela totalidade da sua ação, pelos meios, pelos fins e pela execução; por isso mesmo não pode ser substituído, como por exemplo o militar moderno que, ademais, depende de uma vasta engrenagem industrial (meios) e, segundo Hegel, dos estadistas (que lhe propõem os fins). Já o problema de Zé é dele e só dele. Completamente solitário, ele não pode delegá-lo a ninguém. A sua responsabilidade não pode ser distribuída entre muitos, como ocorre na cidade em que as múltiplas mediações fazem com que o mérito seja de muitos, da mesma forma como a culpa.

Da sua consistência de herói de traços primitivos decorre a força empolgante de Zé do Burro, enquanto representativo das virtualidades humanas (integridade absoluta, mantida com firmeza de rocha contra todos os obstáculos), mas também a sua fraqueza operativa no mundo moderno. Ele poderia ser líder, mas só de movimentos místicos inconseqüentes. Distribuindo terras, não poderá fazê-lo, de acordo com a simplicidade do herói mítico, conforme princípios objetivos de justiça social, mas por impulso pessoal e intransferível, grato que é pela cura do burro. A sua morte é a mola de uma revolta. Esta, contudo, não é motivada por objetivos consciencializados, de modo que não importa em reivindicações verdadeiras. A reação popular, provocada pelo destino do Messias potencial, é sem dúvida um dado importante, em termos dramáticos. Mas essa reação forçosamente tem feições de "reboquismo". A proposição do herói tradicional e a interpretação da realidade daí resultante dificilmente poderiam ser inseridas num quadro político mais avançado. Qualquer consciencialização do herói e das massas suburbanas, solidárias com ele, teria destruído a congruência íntima tanto do protagonista como da situação dramática e da peça. O herói mítico vive ainda num mundo pré-político e é impermeável mesmo à sedução primitiva do populismo. A própria coerência interna da peça parece desmentir a opinião do autor de que o povo se coloca ao lado de Zé do Burro, "inicialmente por instinto e finalmente pela conscientização produzida pelo impacto emocional da sua morte. A invasão do templo tem nítido sentido de vitória popular e destruição de uma engrenagem..."[6].

O que importa verificar neste nexo é que Zé do Burro, profundamente representativo — talvez como Antígone ao revoltar-se contra a autoridade de Creonte — é, no entanto, como esta, sem força operativa. Édipo, no ambiente mítico, mas somente neste, é herói em ambos os sentidos. Somente no universo mítico o exílio auto-imposto do regicida e parricida, da "mancha da cidade", causa da peste com que a contaminou (no mundo mítico, o rei não somente representa, mas "é" a Pólis), pode libertá-la da doença. Já a morte de Zé do Burro nada modifica; nem sequer aniquila moralmente o adversário, como a de Antígone. E mesmo se o aniquilasse, tratar-se-ia apenas de um entre muitos mediadores que não representa e muito menos "é" a Igreja, no mesmo sentido como Creonte é a Pólis.

Contudo, a morte de Zé do Burro, embora sem força operativa, nada prova contra ele; ao contrário, exalta-o e confirma-o como herói. Entretanto, na ação da peça Zé se revela, pelos próprios traços heróicos, como incapaz de enfrentar a cidade, ou seja, a civilização contemporânea. Apesar da exaltação do protagonista — que se transmite plenamente ao público, como se transmite a revolta do povo — a peça de certo modo

---

6. DIAS GOMES, Nota do Autor, na 3.ª ed. da peça, Rio de Janeiro, Ed. Civilização Brasileira, 1967.

mostra o naufrágio inevitável do herói no mundo mediado da metrópole e da realidade brasileira atual; naufrágio que não só decorre do seu objetivo pessoal, de levar a cruz para dentro da igreja, e da recusa do padre, mas da sua incapacidade de se comunicar com a cidade e de atuar nos termos dela, por viver num tempo diverso do tempo citadino (o mítico em face do histórico). Apesar de glorificar o herói que, ao menos depois de morto, é recompensado pelo cumprimento da promessa, a peça sugere, talvez a despeito dela mesma, que Zé do Burro foi e é superado por não poder lidar, mercê da sua substância mesma de herói, com as complexas engrenagens da civilização moderna (e os que se solidarizam com ele encontram-se na mesma situação). Não é só o seu destino individual que o leva ao fracasso, mas o seu destino sobre-individual de herói tradicional. O seu nome, aliás, acentua certo teor quixotesco e a obra de Cervantes, como se sabe, baseia seu humor no tema do herói medieval, perdido no mundo moderno. Quanto à revolta e vitória do povo, não destroem a engrenagem; ao contrário, são de imediato consumidas e digeridas por ela; nem como semente o herói vinga no mundo contemporâneo.

A partir daí é perfeitamente lógico que Dias Gomes tenha concebido, posteriormente, *O Berço do Herói*, essa sátira arrasadora ao herói, enquanto operativo no mundo atual, e à criação e manipulação do seu mito em pleno século XX. A desmistificação atinge o âmago do problema quando cabo Jorge declara:

> Sabem o que acho? Que o tempo dos heróis já passou. Hoje o mundo é outro. Tudo está suspenso por um botão. O botão que vai disparar o primeiro foguete atômico. Este é que é o verdadeiro herói... E vocês ficam aqui cultuando a memória de um herói absurdo... Quando o mundo pode acabar neste momento. E isto não depende de mim, nem dos senhores, nem de nenhum herói.

Se o cabo chama ainda de absurdas qualidades como "coragem, caráter, dignidade humana", torna-se claro que o criador de Zé do Burro e de Branca Dias não põe em dúvida a grandeza de tais qualidades (mesmo deixando de lado o fato de não se poder confundir o autor com seus personagens), mas a sua eficácia operacional em face da "bomba" (e do mundo que a criou). A ironia e o cinismo das afirmações apontam, de forma crassa, o absurdo de um mundo em que qualidades humanas fundamentais como as mencionadas ameaçam tornar-se absurdas.

O coro da peça, de resto, antecipa o tema fundamental ao cantar que morreram todos os personagens da tragédia universal ante o advento do herói-definitivo, do deus-botão, do deus-comutador. A peça, de aparência leve, beirando por vezes a farsa, pontilhada de esgares sardônicos, aponta com gesto quase casual problemas terríveis num mundo assustador em que bomba e bordel se conjugam.

VII

O fato de Dias Gomes, após esta peça, ter criado uma "heroína representativa" como Branca Dias confirma o que foi dito: coragem, caráter e dignidade são qualidades fundamentais desta personagem poética, engrandecida pelo recuo temporal (Inquisição, por volta de 1750) e pelo contexto mítico-baladesco. *O Santo Inquérito* é a tragédia singela de uma moça ingênua, de profunda fé cristã, cuja sinceridade e inocência, em choque com o dogma rígido, com a linguagem hermética e as suspeitas sinuosas da Inquisição, acabam envolvendo-a em mal-entendidos que lhe agravam cada vez mais a situação precária de neta de cristãos-novos.

Em certo momento se apavora, frágil como Antígone ante a morte. Mostra-se disposta a admitir os pecados — que, contudo, desconhece —, a arrepender-se e a cumprir a penitência prescrita. Todavia, a morte do noivo que não cedeu às torturas, e o abjeto comportamento do pai que, por covardia e egoísmo, não arrisca um gesto sequer para ajudar o noivo, fazem com que mude de atitude. "Há uma mínimo de dignidade que o homem não pode negociar..." Lembrando-se desta palavra do noivo, aceita a morte na fogueira, sem nada renegar e sem de nada se arrepender. É um ato de liberdade sublime, cujo sentido se poderia formular em termos de Schiller: quando vemos o herói negando todos os interesses vitais e naturais de autoconservação em favor do imperativo moral, afirma-se um princípio mais alto que a natureza. Em meio das leis férreas da natureza e da determinação causal, instaura-se, superando-as, o reino da liberdade, a presença de uma determinação superior, espiritual. O herói, através do seu auto-sacrifício, torna-se testemunha de um universo superior de que, virtualmente, todo ente humano participa. Por isso, sofrendo embora com o holocausto do protagonista, rejubilamo-nos com a sua grandeza que, não sendo a nossa que não somos heróis, é apesar disso nossa, já que somos seres humanos como ele.

São, paradoxalmente, os enviados do Santo Ofício, defensores oficiais deste reino espiritual, que, condenando Branca por considerá-la mancomunada com o demônio, a impelem a dar testemunho de uma transcendência de que eles mesmos se mostram expoentes falazes e decaídos.

O autor descreve a recusa de Branca em acumpliciar-se com os assassinos do seu noivo como um "gesto de protesto e também de desespero". Ela se recusa a dever a vida a quem o noivo deve a morte. Entretanto, ao contrário do Visitador ela não age movida por princípios ou para lançar um protesto abstrato. A sua ação, como a de Zé do Burro, brota do íntimo da sua personalidade integral. O seu sacrifício é psicologicamente preparado pelo vil exemplo do pai, cujo egoísmo e covardia lhe causam tamanho asco que qualquer comportamento próprio comparável lhe destruiria a possibilidade de continuar vivendo. O que, ademais, humaniza a sua decisão — embora talvez lhe tire algo da grandeza — é o desespero ante a morte do noivo.

O antagonista de Branca é o Padre Bernardo. O homem que deve a Branca a vida torna-se *pivot* de sua morte. Ao salvar o padre do afogamento, Branca inicia o processo da própria destruição. O padre se sente tanto mais obrigado a salvar a alma de quem lhe salvou o corpo, quanto mais se sente possuído pelo encanto (feitiço) da salvadora. Pelos mecanismos conhecidos passa a projetar o próprio "demônio" naquela que é a causa do seu sofrimento. A explicação do autor é exata:

> Quando a paixão carnal (que desde o início o motivou inconscientemente) começa a torturá-lo, ele só encontra um caminho para combatê-la: a punição de Branca, que será, em última análise, a sua própria punição. Mas em nenhum momento ele tem consciência de estar sacrificando Branca à sua própria purificação.

Dentro dos padrões de seu mundo, a única maneira de racionalizar o próprio desvio e de autojustificar-se, é a de atribuir o demônio a Branca, que de certo modo o contaminou ao colar os lábios na sua boca a fim de reaminar-lhe a respiração.

Devido a padrões culturais viciados e a linguagens diversas que multiplicam os equívocos, a relação entre o padre e Branca pouco a pouco se corrompe. O padre, movido por razões subjetivamente honestas, devolve a suposta contaminação e as torturas íntimas à sua salvadora, inculcando-lhe a dúvida, corroendo-lhe a simplicidade e a unidade consigo mesma. Paulatinamente lança o ceticismo na sua mente e lhe turva a inocência. Não falta muito e o demônio que lhe atribui iria instalar-se "de fato" na alma de Branca. Pode-se imaginar que este processo tenha criado não poucas feiticeiras, depois queimadas na fogueira. Só no fim Branca se liberta da sutil teia de conceitos mórbidos, que lhe solapam a fé na verdade, e recupera a integridade inicial. "Não posso reconhecer uma culpa que sinceramente não julgo ter."

A peça é emoldurada por versos baladescos que, evocando a lenda de Branca Dias, fazem surgi-la cenicamente como uma "aparição sobrenatural", representante intemporal de todos os perseguidos pela intolerância humana. O enredo dramático, em seguida, concretiza a evocação baladesca, com os personagens como que convocados para reviverem o acontecido diante das testemunhas contemporâneas que se reuniram no teatro, transformado em tribunal. Decorre daí o gesto "demonstrativo" e certo teor narrativo da peça. Os personagens se dirigem às testemunhas a quem narram os eventos passados e desta forma as transformam em ouvintes implicados e co-responsáveis, precisamente por persistirem em ser apenas observadores mudos. Como tais, eles se assemelham ao guarda que compartimentalizou o mundo e que, dissolvendo a responsabilidade em fragmentos especializados, pode lavar as mãos em paz: "Os denunciantes denunciam, os juízes julgam, os guardas prendem, somente..." Os observadores, evidentemente, observam, somente. E passam a ser, segundo Branca, tão responsáveis quanto aqueles que fazem o mal. Ironicamente, porém, reconhece que o guarda nada pode fazer, tampouco como os espectadores. Estes, "dentro em pouco sairão daqui em paz com suas consciências, em seus belos carros e irão ceiar". Afirmação terrível de descrença no suave poder da arte, talvez enunciada para, definindo-lhe a ação corruptora, exorcizar o demônio da inércia, o pior dos bruxos do inferno.

Comparado com o colorido quadro da tragédia de Zé do Burro, *O Santo Inquérito*, obra menos rica em substância cênico-dramática, assemelha-se mais a uma xilogravura, de traços angulosos, incisivos. De luz e claridade, já no próprio nome, é feita a figura agreste e poética de Branca Dias, com seu aroma de capim molhado, seus banhos ao luar e seus prazeres simples nos quais se lhe revela a presença de Deus. De trevas é feito o mundo da Inquisição que envolve e extingue Branca. Pode-se imaginar uma composição cênica trabalhando com os elementos de luz e sombra somente. A peça, todavia, procura ser equilibrada nos seus acentos, evitando justificar a defesa antecipada do Padre: "Já sei, já sei que vão assacar uma série de infâmias contra nós, contra o clero e a Igreja". O autor conseguiu evitar essa armadilha. Com felicidade expõe o princípio da composição: "Seguimos a lenda, procurando harmonizá-la, sempre que possível, com a verdade histórica e subordinando ambas aos interesses maiores da obra dramática"[7]. Corresponde, a estes

7. DIAS GOMES, "O que sabemos e o que pensamos das personagens", em *O Santo Inquérito*, Rio de Janeiro, Ed. Civilização Brasileira, 1966.

interesses dramáticos, e talvez também à verdade histórica, o esforço que o autor envida para dar aos juízes de Branca traços humanos, de sinceridade e convicção subjetivas.

VIII

Como *A Revolução dos Beatos* se inspira no bailado dramático popular do Boi-Bumbá, assim *Dr. Getúlio, sua Vida e sua Glória* recorre à forma teatral do enredo e do cortejo das escolas de samba. Trata-se de uma forma teatral autenticamente popular e autenticamente brasileira, embora se conheçam desde a Antigüidade tipos semelhantes de teatros de desfile e procissão.

Dias Gomes e Ferreira Gullar formulam de um modo preciso seu propósito:

> Inicialmente, tínhamos um tema, e um tema bem brasileiro. Precisávamos desenvolvê-lo de uma forma bem brasileira e popular. O tema pedia isso. A presença do povo na saga getuliana, quer como objeto, quer como sujeito, quer oprimido, quer revoltado; quer acusando, quer idolatrando, era de tal ordem que não havia como recusar a esse povo os papéis de narrador e personagem. A forma de enredo possibilitava ambas as coisas.

Tratava-se, pois, de fazer representar a saga de Vargas por uma Escola de Samba, de projetar a história brasileira recente, extremamente complexa, a partir da visão singela e mitizante do povo. Graças a isso é obtida uma interpretação didaticamente simplificada de fenômenos essenciais e recorrentes da história latino-americana, tal como o povo possivelmente iria concebê-los se tivesse a visão crítica e a capacidade de formulação de Dias Gomes e Ferreira Gullar, que se tornam porta-vozes e articuladores da "alma popular" (vá lá a horrível e absurda expressão). A isso se acrescenta a idéia central de refletir a história não somente na consciência mitizante do povo, isto é, na encenação da Escola de Samba, mas de refleti-la pela segunda vez e de simplificá-la ainda mais através da situação dramática vivida "de fato" pela Escola. Esse drama "real" repete, nos traços mais gerais, em termos distorcidos quase de dramalhão, o drama de Getúlio. O papel do presidente Vargas é desempenhado por Simpatia, presidente recém-eleito da Escola o qual, ao fim, é derrubado e assassinado pelo bicheiro Tucão, o presidente anterior, e pelas "Aves de Rapina", os seres metafóricos da Carta--testamento de Getúlio. Eles aparecem fantasiados de águias terríveis, como seres alegóricos no desfile da Escola de Samba.

O paralelismo entre as duas ações, entre a grande e a pequena política, é desde logo sugerido no prólogo de Simpatia:

> Tem gente que diz que ajuda
> mas impondo condição.
> No fundo, a coisa não muda:
> São todos como Tucão,
> pois querem em troca da ajuda
> ter a Escola na mão.

O drama fictício da Escola – apresentado, contudo, como "real", como acontecendo na atualidade dramática – desenrola-se durante um ensaio do drama da história real, este, porém, apenas "encenado" e projetado no distanciamento da narração. O paralelismo das duas ações, as interferências daí decorrentes, as fusões e confusões, o teatro no teatro – forma tipicamente épico-narrativa –, o mútuo afastamento (no sentido de Brecht), permitem complexos jogos de espelho, de reflexo e eco irônicos, de comentários e explicações didáticos, de "efeitos de estranhamento" eficazes. Assim, por exemplo, quando Simpatia sai do papel do presidente Getúlio e, voltando a ser o cidadão Simpatia, debate os problemas financeiros não do Brasil, mas da Escola de Samba; ou quando as Aves de Rapina, que também na "realidade" da Escola desempenham papel nefasto, tiram as máscaras para discutir com Tucão os problemas dos bicheiros. As duas faixas de ação, a narrada e a dramática, se entrelaçam, chocam, desencontram e fundem, numa trama tecida com extrema habilidade. Na medida em que Tucão, o rico bicheiro, consegue mediante pressões financeiras fazer desertar os elementos da Escola, a própria narração encenada se fragmenta e se desmonta, coincidindo ao fim os dois desmoronamentos e, no dramático desfecho, as duas mortes.

Dr. Getúlio é, sem dúvida, em escala internacional, uma das mais brilhantes peças políticas da atualidade. Os versos funcionam às mil maravilhas, pela precisão, pela graça, pelo sabor popular e coloquial, e a exposição histórica, por mais que se possa divergir de algumas interpretações e simplificações, é extremamente sagaz, procurando apresentar uma imagem objetiva e crítica do estadista Getúlio e da sua política contraditória, sem omitir quer os lados negativos, quer positivos da sua conduta nos últimos anos de seu regime. Os eventos trágicos, nas duas faixas da ação, não impedem o desenvolvimento humorístico dos diálogos e de muitas cenas, devendo realçar-se o precioso anacronismo que ocorre a Getúlio na hilariante e maliciosa discussão com o embaixador norte-americano, ao lhe chamar a atenção sobre a invasão da República Dominicana. O embaixador retruca, indignado:

> Ora, sr. Presidente,
> esse fato ainda não houve.
> Só aconteceu depois.
> Vai ser em 1965
> e estamos em 52.

Mais do que a média das peças teatrais, *Dr. Getúlio* é um texto que, embora de relevo como literatura, clama pelo palco. A dança dos passistas, as fantasias coloridas, a alucinante batucada da Bateria são indispensáveis à realização plena das intenções da obra. Eis aqui um teatro que, sem rebuscamento, sem imitações modernosas de esnobismos internacionais, apoiado apenas nas próprias tradições populares, recupera com naturalidade o êxtase das origens dionisíacas, o ritual das agonias e das ressurreições.

IX

O Túnel é uma espécie de esquetche, particularmente apropriado para integrar o programa de um cabaré lítero-satírico (coisa que, infelizmente, não existe no Brasil). Dentro dessa limitação é uma parábola espirituosa, isto é, no caso, uma proposição cênica que procura elucidar e interpretar criticamente uma situação por meio de uma comparação, análoga ao menos num termo à situação referida. O termo de referência reside no que se afigura ao autor como um beco sem saída. A analogia não impede, segundo a tradição do gênero, a ampla autonomia da narrativa ou cena parabólica que pode desenrolar-se livremente, sem forçar em todos os pontos, a coincidência com a situação referida.

A graça da peça reside no hábil jogo das entrelinhas e do duplo sentido (engarrafamento, mudança de mão etc.). Os personagens, todos anônimos, se caracterizam pelos seus carros; as suas atitudes e reações correspondem mais ou menos ao que se pode esperar (tanto dos donos como) das marcas automobilísticas que os marcam. Isso pelo menos é verdade no que se refere ao Mercedes-Benz, que é, inevitavelmente, um industrial "liberal-conservador", e ao Fusca, que não pode deixar de ser um pequeno-burguês, aliás altamente explosivo e com tendências terroristas. Já a Kombi é um intelectual com muita experiência de túneis e fossas. É contra a bomba do Fusca, a qual de qualquer modo não explode, e em favor de manifestos que o Mercedes, por princípio, se recusa a assinar. O Mercedes, mesmo no túnel, se sente livre, de acordo com sua índole liberal-conservadora:

Só existe cerceamento da liberdade quando se proíbe a alguém alguma coisa que alguém quer fazer. Mas se não se quer fazer aquilo que está proibido, então nossa liberdade permanece intacta.

Levada às últimas conseqüências, a interessante teoria proclama a pedra como o ser mais livre, visto ela não querer outra coisa que obedecer à lei da gravidade.

Com seu ligeiro toque de absurdo, manifesto na triunfal e gostosa abolição das regras da verossimilhança, a pecinha demonstra que o homem é um bicho extremamente adaptável, flexível como um verme: mesmo nas circunstâncias mais extravagantes a vida continua. Os casais se deitam, as crianças nascem e as unhas crescem — fenômeno, aliás, que, segundo dizem, se verifica também entre os mortos.

X

Na peça *Vamos Soltar os Demônios* Dias Gomes parece ter se inspirado, de leve, em certos motivos de *Quem Tem Medo de Virginia Woolf?*, de Edward Albee. Esses motivos, porém, são desenvolvidos de modo autônomo e adaptados à atualidade brasileira. Também *Vamos Soltar os Demônios*, como todas as outras peças, tem relevância político-social, neste caso, porém, neutralizada, em certa medida, pela análise psicológica. Com efeito, a análise psicológica, menos acentuada nas outras obras, nesta prevalece de tal modo que o enfoque político, de ordem geral, passa a segundo plano. O que não deixa de ser também um fato político. A vitória do regime atual e a derrota das esquerdas é, na peça, apenas o ponto de partida para investigar o comportamento do intelectual derrotado, depois de colocado, como uma cobaia, nas condições esterilizadas e cuidadosamente preparadas de um laboratório: ele é posto sob a alta pressão de uma situação-limite — a detenção iminente; e recebe como parceira a própria esposa, espécie de pilha que aumenta a tensão e provoca violentas descargas elétricas. Sob as furiosas investidas de Nara irrompe no apartamento, onde Sérgio se refugiou, uma verdadeira batalha matrimonial que aguça a crise do intelectual até aquele ponto em que ele se revela em profundidade.

Em certa medida produto modelado pelo marido, desdobramento dele, Nara não se destina somente a propor cenicamente um diálogo que, em si, poderia ser um monólogo autodevorador; tampouco serve somente de espelho magnificador que devolve ao marido a própria imagem aumentada, com todos os poros e espinhas à vista. Adquire, ao contrário, autonomia plena de personagem dramático, e força o parceiro a um desmascaramento crescente, cuja crueldade sadomasoquista dificilmente encontra paralelo na dramaturgia brasileira contemporânea, não propriamente pobre em análises do intelectual esquerdista e das suas respectivas fossas (pense-se, por exemplo, em *Os Convalescentes*, de José Vicente, e em *À Flor da Pele*, de Consuelo de Castro, ou então em filmes como *O Desafio* e, em menor grau, *Terra em Transe*). Nara provoca uma "libertação dos demônios" que vivem mergulhados e encobertos no "fundo do poço". É o Apocalipse, isto é, a revelação impiedosa de um fim — certamente não do mundo, mas, sem dúvida, de uma situação, de uma fase, de uma ilusão; ilusão nutrida como a criança fictícia de Martha e George e depois eliminada e chorada na cena do "Requiem", da peça de Albee.

Sérgio, o intelectual, está longe de ser um "homem musical", expressão com que Platão, exaltando Sócrates, lhe define a profunda harmonia entre pensamento e conduta. As contradições entre as concepções e as ações de Sérgio são radicais e ressaltam cada vez mais no atrito com a esposa e com o segundo casal, Dr. Moura e Vera, que é surpreendido por Sérgio na *garçonnière*, ao refugiar-se nela. Este casal não tem apenas a função de introduzir variações rítmicas, aliviando a atmosfera carregada, arejando a composição de "dueto" e distendendo a tensa situação por momentos de comicidade; sua função principal é a de aprofundar o desmascaramento do intelectual. Este se apraz em lançar violentas críticas à moral convencional e hipócrita do casal, representantes da classe-média, tratando os dois com extrema agressividade. Mas a crítica acaba recaindo sobre ele mesmo que está longe de viver e agir de acordo com os seus preceitos avançados. Os lados positivos de Sérgio, admitidos pela esposa e até pelo próprio autor que, como intelectual, é envolvido na flagelação sadomasoquista, pouco pesam em face dos lados negativos. As suas dubiedades vão desde o requintado gosto do nacionalista e socialista, que só com repugnância toma *whisky* nacional, até a sua situação contraditória de editorialista de um jornal conservador, fato que, no dizer da esposa, faz dele uma espécie de Belle de Jour intelectual. Isso para não falar do seu consentimento em ser salvo pelo "fascista" Donato, mesmo na suposição de que seja amante da esposa.

Sérgio, o intelectual contemporâneo, é a exata contra-imagem de Zé do Burro. Neste não há nenhuma fenda entre as ações e as idéias que, como tais, nem sequer se objetivaram como pensamentos e normas abstratas. Os valores que defende se fundem integralmente com sua personalidade, fato que ocorre também no caso de Branca Dias. Por isso mesmo, Zé não pode dividir a responsabilidade com ninguém, nem pode tergiversar ou justificar compromissos. Sérgio, bem ao contrário, lança a culpa sobre os outros: "Que poderia eu fazer sozinho?" Entre suas idéias, objetivadas e claramente formuladas, e sua personalidade — sua vida, opções e ações — há um profundo desacordo. Seu raciocínio é perfeito quando diz, repetindo mais ou menos o cabo Jorge: "Todo herói é ridículo. E eu não nasci para ser herói".

Surpreendente é a fixação religiosa do intelectual esquerdista que o liga, remotamente embora, ao Profeta de *A Invasão* e ao mundo do misticismo popular, ainda que seja pelo avesso. Irmão de um padre a quem procura induzir a largar a batina, parece sentir prazer em ler a Bíblia antes do ato sexual e concorda, a pedido de Nara, em vestir a batina para fazer amor com a esposa transformada em pudica paroquiana adúltera. A idéia, assaz buñuelesca, de excitação pelo pecado ou então de santificação da carne pela evocação da esfera sagrada, mostra, precisamente pelo cunho blasfêmico, a relação do intelectual (e de sua esposa) — também neste ponto de atitudes ambíguas — com a tradição religiosa. Surpreende também a excessiva — e dúbia — sensualidade do intelectual que, não inibido pela situação extremamente precária (ela abateria a potência até de um touro), se revela um supermacho regido pela supremacia genital, como se quisesse provar a fragmentação da líbido, imposta, segundo Marcuse, pelo "princípio de realidade" repressivo. De qualquer modo, Sérgio condenou-se por antecipação ao dizer: "É incrível que numa hora dessas ainda haja pessoas que vão para os hotéis fazer amor". E deitando-se pela última vez ao lado da esposa: "Não sei... não sei porque ficamos fazendo amor, enquanto eles faziam a guerra, que tudo chegou ao ponto que chegou..."

Parece que neste ponto os dois intelectuais — o personagem e o autor ao atribuir-lhe, com esta fala, a ele e aos seus colegas, o pecado do comportamento *hippie* como explicação política — não convencem, precisamente como intelectuais. Dias Gomes decerto captou algo da atmosfera — e a caracterização do intelectual, das suas contradições, do seu matrimônio, da sua relação com os filhos, da sua ambigüidade — tudo isso é sem dúvida alguma brilhante e veraz. Mas o psicologismo da peça faz com que deslize para planos de particularização crescente. A psicologia acaba turvando a visão geral da realidade político-social, fato que contamina o próprio personagem e seus juízos, eivados do mesmo psicologismo particularizador, quando a psicologia deveria servir apenas como momento mediador no contexto geral das condições histórico-sociais.

O fim é insólito e teatralmente sugestivo, jogando com alusões parabólicas; mas tampouco deixa de inspirar dúvidas. Se a peça lembra em vários dos seus trechos uma *Walpurgisnacht*, isto é, uma noite de bruxaria e demônios, a recitação do Apocalipse, repetida como um ritual, vem a ser o exorcismo (parafraseando em ambos os casos a peça de Albee). A libertação e purificação conjugam-se com o ato sexual e a catarse do orgasmo:

> O ato do amor deve ser um momento de revelação entre dois seres humanos. Dele depende a criação da vida, e através dele alcançamos o prazer carnal, aquele estado de bem-aventurança que nos reconcilia com Deus e é a derrota das bestas do Apocalipse.

Por maior que seja a transcendência atribuída ao ato sexual, enquanto verdadeiramente amoroso, é difícil admitir que tenha tamanha relevância no campo sugerido pelo intelectual. Isso sem deixar de respeitar as complexas teorias atuais que põem em referência sexo e estrutura social, sexo e luta de classes, sexo e política. Em todo o caso, sempre se pode esperar uma dose de ironia tanto por parte do personagem como por parte do autor que o criou.

XI

Há momentos, em uma ou outra peça, por exemplo em *O Túnel*, em que se desejaria que as aspirações do autor se aproximassem mais dos seus grandes dotes. Isso vale também na última obra, que inspira dúvidas várias. Ela mostra Dias Gomes, ainda assim, na plena posse da sua força criativa. As condições não são muito favoráveis ao tipo de teatro que corresponde ao seu talento e às suas intenções mais profundas e esse fato talvez tenha exercido uma influência limitadora na composição sobretudo das duas últimas peças. Alguns críticos inclinam-se a considerar Dias Gomes como autor de uma única grande peça – o lance excepcional de *O Pagador de Promessas*. Todavia, a análise das peças mostra que tal opinião não se justifica. Apesar de altos e baixos, a obra, no seu todo, se apresenta repleta de esplêndidas invenções, povoada de uma humanidade exemplar na glória e na miséria. Distinguem-na a imaginação rica, a variedade de caracteres vivos, a extraordinária latitude da escala emocional, indo dos comoventes destinos de Zé do Burro e Branca Dias ao riso amargo de *O Berço do Herói* e *Dr. Getúlio* e à franca gargalhada de *Odorico*. Aberta ao sublime, sensível à grandeza trágica, a obra recorre ao mesmo tempo aos variados enfoques do humor, do sarcasmo e da ironia para lidar com os aspectos frágeis ou menos nobres da espécie humana.

O realismo crítico da observação vai por vezes até à caricatura e ao grotesco, apreendendo a realidade com lentes que distorcem para revelar. A obra de Dias Gomes, tal como até agora se apresenta, oferece uma imagem crítica da realidade brasileira, naquilo que é caracteristicamente brasileiro e naquilo que é tipicamente humano. A crítica, porém, mesmo quando acre, se nutre da esperança e do amor. Por isso a obra é amorável e respira futuro. Dramaturgo de saltos e mutações, Dias Gomes nos proporcionará ainda muitas surpresas.

4. O MISTICISMO POPULAR NA OBRA DE DIAS GOMES

I

A idéia de examinar peças teatrais para obter deste modo uma visão de certas realidades brasileiras baseia-se na tese de que a ficção reflete de algum modo a realidade. As duas peças que em seguida serão focalizadas – *O Pagador de Promessas* e *A Revolução dos Beatos* – são evidentemente obras ficcionais embora a segunda se refira em parte a personalidades e fatos históricos. Personalidades históricas, contudo, na medida em que se defrontam com outras, imaginárias, passam a fazer parte de um campo ficcional e se tornam fictícias, visto desempenharem um papel num mundo criado pelo autor; mundo, portanto, que não é rigorosamente histórico, isto é, não é real ou ontologicamente autônomo e, como tal, independente do texto dramático. Ademais, a entidade criativa do dramaturgo presenciou (imaginariamente) todos os acontecimentos; conhece os personagens de dentro e de fora; sabe, portanto, muito mais que o historiador para quem, enquanto cientista, as pessoas históricas são sempre objetos, vistos de fora. O ficcionista, porém, conhecendo-as intimamente (por criá-las), pode fazê-las falar e concebe tais falas de dentro das pessoas, identificado com elas. Por isso mesmo elas se tornam em personagens e sujeitos, ou seja, em criações fictícias, embora eventualmente enquadradas dentro de certos moldes dados pela história.

Se por razões ontológicas e epistemológicas o ser da ficção se distingue nitidamente de outros modos de ser e de conhecimento (por exemplo do ser real), é ao mesmo tempo impossível exigir da ficção enunciados que constituam juízos, isto é, orações que pretendem corresponder exatamente aos objetos referidos. Pode-se acusar um repórter ou um historiador de enunciados errados ou falsos ou mesmo de mentira e fraude. Tal acusação é absurda em face da ficção, ainda mais da ficção teatral em que falam em geral só personagens (e não um narrador), cujas orações não têm antes de tudo o sentido de corresponder exatamente à realidade referida, mas de caracterizar os personagens e de suscitar a ação dramática, isto é, de desempenharem uma função estética. Isso naturalmente não exclui que o autor de algum modo nos comunique o seu ponto de vista, quer através do contexto total da peça, quer através de um *raisonneur* ou de um narrador explícito. Essa comunicação, porém, reduzida a seu teor puramente cognoscitivo (em termos filosóficos ou científicos) é geralmente muito pobre. Com razão disse T. S. Eliot de Shakespeare (mas ele poderia ter dito isso de qualquer outro poeta ou dramaturgo) que, reduzindo-se a sua obra ao seu teor meramente filosófico, sobrariam alguns lugares-comuns. Quem apreciasse Brecht somente como divulgador de teoremas sociológicos, faria melhor ler desde logo as fontes, nem sempre traduzidas na sua pureza original na obra do dramaturgo. É evidente, pois, que na obra de arte o comunicado é inseparável do modo de comunicação. Seu valor cognoscitivo não pode ser abstraído do todo, nem reduzido a termos filosóficos ou científicos.

Da mesma forma não se pode exigir da ficção, mesmo da realista, uma correspondência ponto por ponto com a realidade. Ela pode criar uma imagem dela, mas esta terá consistência própria, densidade imaginária, ao ponto de constituir um mundo fictício autônomo feito de palavras. E esse mundo terá uma força concretizadora que nunca pode ser almejada pelo historiador, já que a intenção dele é dar-nos a própria realidade (através de uma imagem sem consistência própria; imagem, portanto, que procura apagar-se, omitir-se como imagem a fim de o "raio da intenção" incidir sobre a própria realidade e não sobre a imagem, como ocorre na ficção). Decorre daí que não se pode referir a ficção diretamente à realidade. Ela não é historiografia, nem geografia humana, antropologia ou sociologia. Ela tem direitos de fabulação, distorção, acentuação, seleção que nenhuma ciência tem.

Mas por isso mesmo a ficção pode proporcionar-nos uma imagem viva, densa, colorida — embora indireta e oblíqua — da realidade. Mais do que conhecimento preciso, pode apresentar-nos uma "visão" desse mundo, de modo a podermos participar dele, vivê-lo imaginativamente com uma intensidade que nenhuma leitura científica nos possibilitaria. Ao mesmo tempo, ela tenderá, enquanto ficção valiosa, a comunicar-nos uma interpretação profunda da realidade, às vezes trágica, polêmica, satírica ou humorística, mas isso sempre em termos de experiência vivida.

Ao que tudo indica, Dias Gomes é um excelente conhecedor da realidade dramatizada por ele nas duas peças. Parece conhecê-la tanto pela experiência da vida como pela leitura de obras pertinentes. Assim, as obras sem dúvida podem servir, para nós e para o futuro historiador, de testemunhos de certa realidade brasileira, embora tal redução, como já foi dito, não faça jus a uma obra de arte.

É preciso acrescentar, todavia, que a ficção terá valor de documentação somente quando conferida com dados científicos, com os resultados da pesquisa dedicada ao mundo que na obra de ficção é proposta em termos imaginários. A ficção transmite uma experiência muitas vezes subjetiva, embora por isso mesmo intensa, com forte cunho de "verdade de vida". Apresenta-nos aspectos parciais, selecionados, perspectivas pessoais da realidade. Já vimos que, como arte, ela não pode ser valorizada em função da verdade científica. Os critérios de valorização têm de ser estéticos e nessa valorização o valor cognoscitivo se subordina a outros momentos. Isso, porém, não impede que se use a obra fictícia como documentação, conquanto com a consciência um tanto atribulada. É perfeitamente possível que obras esteticamente menos valiosas tenham valor de documentação superior ao de obras-primas, ainda que estas certamente apresentem uma visão mais profunda e coerente da realidade, mais apta a ser vivida intensamente pelo apreciador. Neste sentido, a ficção enriquecerá os dados da ciência, vitalizando-os, impregnando-os de plasticidade e de matizes emocionais, como de outro lado os dados da ciência ampliarão e darão maior precisão crítica à apreensão e apreciação da obra.

O fito desta exposição, todavia, é modesto. Limita-se, em essência, a relatar o fenômeno do misticismo popular e do fanatismo religioso tal como as peças o apresentam. Só marginalmente ocorrerão juízos estéticos ou observações que tenham em mira comparar o mundo fictício ao mundo real, numa tentativa de verificar o valor documentário de *O Pagador de Promessas* e *A Revolução dos Beatos*.

II

O mundo que Dias Gomes nos apresenta nas duas obras é um mundo estranho, pelo menos para o cidadão urbano mais ou menos integrado na civilização ocidental do século XX. No fundo, o autor exige muito da nossa imaginação de metropolitanos modernos ao convidar-nos para viver o drama de Zé do Burro, herói de *O Pagador*, e dos beatos de Juazeiro. Em alguns dos seus aspectos o mundo que procura comunicar-nos não fica muito distante daquele da peça *O Dibuk* que focaliza certo movimento místico judaico.

Obviamente, ninguém ignora que a promessa e o respectivo "pagamento" depois de atendida a súplica é um costume antigo e amplamente difundido. Uma infinidade de deveres penitenciais vem sendo oferecida no momento da aflição. Já Júlio César, em certa fase, só fez a barba e cortou os cabelos depois de ter vingado a derrota do seu lugar-tenente Titurius. Mas a promessa de Zé é cercada de circunstâncias tão particulares e estranhas que o autor impõe à nossa consciência um imenso salto para participar da consciência de Zé. Este salto, para dizer a verdade, é de certo modo bem maior do que aquele que se exige para nós nos identificarmos com Antígone, heroína de uma peça escrita há cerca de 2500 anos. Com efeito, entendemos Antígone, ao sacrificar a vida para enterrar o irmão morto, bem melhor que Zé, ao sacrificar a vida para levar a cruz dentro da igreja, pagando assim a dívida a Santa Bárbara, aliás Iansan, deusa africana do raio que feriu o burro por cuja cura e salvação Zé do Burro fez a promessa.

A distância de mentalidades afigura-se enorme. É precisamente a distância entre o Brasil do século XX e a vasta hinterlândia do Nordeste. E é um critério da arte de Dias Gomes que ele nos faz vencê-la com facilidade. Ele nos induz, através da sua arte, a saltá-la tão bem que vivemos e sofremos o destino de Zé como se fosse o nosso próprio. Imaginariamente identificamo-nos com ele. Mas na realidade estamos bem mais próximos do repórter baiano que reduz a promessa do herói a um recorde. Com efeito, Zé percorreu a distância olímpica de 42 km em 24 horas, com o enorme *handicap* de uma cruz muito pesada que lhe transforma o ombro em carne viva. O repórter, ao exaltar este feito esportivo, representa de fato a nossa mentalidade. O mesmo ocorre quando etiqueta a divisão do sítio de Zé, de acordo com a promessa, em termos de reforma agrária. Entendemos a desconfiança do repórter: essa distribuição de partes do sítio, prometida por Zé, não será um golpe para impressionar o eleitorado? Esperto, o repórter vê os aspectos sensacionais do caso. Uma boa promoção, a organização da volta triunfal de Zé, pode resultar em excelente rendimento político-jornalístico. Mais tarde, quando o padre não admite a entrada de Zé com a cruz na igreja e se esboça o conflito trágico, entram em jogo interesses de propaganda comercial: o misticismo ingênuo do povo é aproveitado por organizações políticas e comerciais. É evidente que Zé não entende nada do que ocorre: "Moço, o sr. não me entendeu... Ninguém ainda me entendeu..."

Verifica-se — e talvez seja isso o tema fundamental da peça — a falta absoluta de comunicação entre os dois Brasis. Zé e a gente da cidade falam como se vivessem em planetas diversos. A situação lembra a do poema de Mário de Andrade, buscando, sem êxito, a *palavra certa* para se dirigir ao seringueiro. Décio de Almeida Prado salienta com precisão que Zé entra em choque não somente contra a Igreja, com cujo expoente se desentende sem reconciliação possível, mas é "toda a cidade de Salvador, com as suas prostitutas e os seus rufiões (um deles lhe desencaminha a esposa), os seus jornalistas e os seus negociantes interesseiros, os seus delegados e os seus padres bem falantes" que ele não consegue compreender. O jornalista transforma as convicções mais profundas do herói em "manchetes". Zé, salienta Décio de Almeida Prado, não sabe raciocinar nos termos universais e abstratos da cidade. Apenas sente, intui[1]. Pode-se acrescentar que Zé vive, de fato, num estágio mágico--mítico. A promessa não é para ele um símbolo, um dever assumido, uma prova espiritual auto-imposta. É realidade material plena, como um negócio. "É toma lá, dá cá." É uma coisa real segundo os padrões de um mundo arcaico em que se pode destruir uma pessoa atingindo o que a representa — o nome escrito, a sombra ou a impressão do corpo deixada no leito. É tão real como a sopa de lentilhas e a bênção por assim dizer material de Isaac que funciona como uma injeção e cuja força mágica se transmite como um tesouro de geração a geração.

1. DÉCIO DE ALMEIDA PRADO, *Teatro em Progresso*, São Paulo Livraria Martins Editora, 1964.

É de fato neste mundo mágico-mítico que vive Zé — um mundo em que a palavra é a própria realidade e não o símbolo dela. Por isso mesmo a palavra dada é uma coisa maciça que resiste a qualquer argumento dialético. Embora não se trate de examinar, neste contexto, a estrutura e o valor dramáticos da peça em termos estéticos, convém salientar que Dias Gomes consegue apresentar-nos com extrema verossimilhança este homem arcaico que é Zé do Burro e isso de tal modo que o espectador citadino, paradoxalmente, se identifica com ele e não com o repórter ou o comerciante que, de fato, o representam, já que pertencem ao mesmo mundo racional, contemporâneo. Deve-se acrescentar ainda que conseguiu criar um verdadeiro "herói trágico" que defende os seus valores com o empenho da vida contra os valores da cidade. A sua consistência de herói pode ser formulada em fórmulas hegelianas: ele provém de um mundo ainda primitivo, mítico, em que toda a responsabilidade pesa, totalmente, sobre ele. Seu problema é dele e só dele. Ele não pode delegá-lo a ninguém. A sua responsabilidade não pode ser distribuída entre muitos, como na cidade em que as múltiplas mediações fazem com que ninguém ou todos tenham culpa e, no fim, todos acabem lavando as mãos. Ou, para variar uma expressão do dramaturgo suíço F. Duerrenmatt: Creonte, hoje, lavaria as mãos. Seus juízes, promotores, advogados e secretários se encarregariam do caso de Antígone. Todavia, o que importa verificar é que Dias Gomes nos apresenta com Zé o tipo completo do Messias virtual e ao mesmo tempo o contexto espiritual e social em que este caráter messiânico pode surgir e funcionar. O jornalista, que é um profissional perspicaz à sua maneira, põe de imediato a "manchete": "O novo Messias prega a Revolução". Tratar-se-á de um místico ou de um agitador? pergunta. De qualquer modo, ele é "pela reforma agrária e contra a exploração do homem pelo homem" — conjunto de frases e idéias que misturam de um modo pitoresco o pensamento atual e o pensamento de origem remota, carregado de apelo irracional; que inserem o tipo acabado do "apóstolo", "penitente" e "santo", capaz de satisfazer as esperanças sebastianas do povo mísero, num quadro de relações políticas modernas, completamente alheias a Zé. No mundo apresentado por Dias Gomes a esperança da vinda de um Messias ou Libertador é tão intensa que pelo caminho a Salvador um grande número de caboclos seguiu Zé do Burro, todos eles aguardando manifestações milagrosas. "E não duvide, diz a mulher de Zé, ele é capaz de acabar fazendo (milagres). Se não fosse a hora, garanto que tinha uma romaria aqui, atrás dele."

No mesmo mundo arcaico, embora já não tão intensamente identificada com ele, vive ainda Rosa, mulher de Zé. Ela já é, por assim dizer, contaminada pela cidade, mas ainda invoca Santa Bárbara tentando racionalizar o fato de ter traído o marido com o rufião Bonitão. Ainda se agarra, para justificar a sua falta, a mecanismos mentais primitivos.

> Santa Bárbara me usou pra pôr você à prova... (veemente) Eu senti, Zé... senti que havia uma vontade mais forte do que a minha me empurrando pra lá... Se ela é Santa, pode me obrigar a fazer o que eu não quero, como obrigou. Pode botar o diabo no meu corpo, como botou...

Tanto nesta peça como em *A Revolução dos Beatos* os Santos acabam desempenhando papéis de alcoviteiros. O próprio rufião afirma cinicamente já ter feito uma promessa pedindo que certo homem fosse viajar para que pudesse conquistar-lhe a mulher. Se não pagou a promessa, depois de obtido a graça, foi para não deixar Santo Antônio em maus lençóis por ter atendido a um pedido tão duvidoso.

Do mesmo contexto cultural faz parte o sincretismo, a fusão do catolicismo e candomblé, de Santa Bárbara e Iansan. Sincretismo que precipita o conflito, visto ser a promessa feita num terreiro uma das razões por que o padre se opõe a Zé e ao seu intuito de levar a cruz para dentro da igreja. Não menos característico deste mundo é a medicina popular. Zé estanca o sangue que jorra da ferida do burro amigo com "bosta de vaca". Para curar uma dor de cabeça recorre ao afamado rezador negro Zeferino. Sarna de cachorro, bicheira de animal, peste de gado — tudo isso Zeferino cura com duas rezas e três rabiscos no chão. Este traço — também relevante na outra peça — é fundamental nos movimentos messiânicos. Não há médicos e se houvesse, não haveria dinheiro para pagá-los. Como os orixás encarnados nas filhas de santo, nos candomblés, assim também os apóstolos, santos, beatos e mensageiros divinos exercem funções terapêuticas. A sua tarefa não é só a de salvar a alma e sim sobretudo o corpo dos pobres, dando-lhes ao mesmo tempo a esperança de redenção social.

Em ambas as peças surgem animais como elementos do misticismo: nesta, o burro, amigo íntimo de Zé. Este o considera como seu igual e se refere a ele com doçura comovente. Isso não é só expressão de um mundo afastado da vida técnico--urbana, lidando essencialmente com o universo orgânico-vegetativo ao contrário do predomínio dos elementos anorgânicos no mundo moderno (o que já em si suscita atitudes completamente diversas); é expressão, sobretudo, da "mentalidade mítica" que não conhece ainda uma diferença fundamental entre o ente humano e o mundo animal e vegetativo, concebendo o homem em diálogo íntimo com a natureza, numa relação que foi caracterizada como "Eu-Tu".

Para completar o quadro, Dias Gomes sugere na sua peça o aproveitamento do misticismo popular pelo comércio e pelos interesses políticos. Não só se procura atrelar Zé a uma campanha de propaganda comercial. O repórter, sobretudo, tenta usá-lo a serviço do candidato oficial nas próximas eleições. A sugestão evoca toda uma constelação típica, mais amplamente desenvolvida em *A Revolução dos Beatos*.

Embora esta exposição não tenha propósitos de crítica estética, uma observação marginal neste sentido não se afigurará inoportuna. É surpreendente, como já foi acentuado antes — com que força Dias Gomes consegue fazer-nos participar de uma consciência arcaica, extremamente distante da nossa. E isso a tal ponto que simpatizamos com Zé e os de mentalidade semelhante — os jogadores de capoeira e o povo miúdo — todos eles elementos suburbanos, marginais em relação à cidade. Ao mesmo tempo distanciamo-nos daqueles que realmente nos representam, os expoentes da cidade: o padre, o comerciante galego — que suscita certa simpatia, mas é um homem frio e interesseiro — o monsenhor, o delegado, o tira e principalmente o repórter. Talvez Dias Gomes tenha sucumbido um pouco a um clichê — o do camponês puro e da cidade perversa. A cidade, de fato, sai-se muito mal. Não se salva nenhum dos citadinos. Isso surpreende um pouco, já que Dias Gomes decerto não quer exaltar a volta ao mundo arcaico da pureza e inocência de Zé do Burro, como se só ali houvesse integridade humana. Semelhante visão bucólica, muito velha na literatura, reforçada por Rousseau e pelo romantismo e ainda muito visível por exemplo nas comédias de Martins Pena e seus seguidores, como em toda uma ala de literatura regional fascinada pelo chavão de "raça e roça", certamente não corresponde ao pensamento de Dias Gomes. Tal enfoque unilateral, bem preto-branco, empobrece um pouco o todo estético e cria um curioso desequilíbrio numa peça que, visando evidentemente a fins progressistas, acaba exaltando uma atitude arcaica. No entanto, é evidente que o autor condena a cidade na sua peça porque é a ela que cabe a culpa de haver Zés do Burro, heróis crucificados, e de se perder tanta riqueza humana, posta de lado e entregue a uma vida primitiva. É na grande cidade, na parte mais avançada da nação, que se concentra o poder político e intelectual. E a cidade permite, impiedosamente, que o sertão continue separado dela pela distância intransponível que produz o conflito trágico da peça.

III

É exatamente isso que Floro Bartolomeu, o mentor intelectual do Padre Cícero, confessa em *A Revolução dos Beatos*, num momento de tensão dramática. Zabelinha, mulher simples, diz a Floro que a chama de ignorante: "Ninguém tem culpa de ser ignorante". E Floro, olhando-a demoradamente, replica: "É... é possível que a culpa seja nossa mesmo".

Se *O Pagador de Promessas* nos apresenta o mundo do misticismo popular principalmente através do comportamento de um personagem, *A Revolução dos Beatos* introduz-nos no centro mesmo do fanatismo religioso, em Juazeiro. A ação se passa em 1920, quando o Padre Cícero contava cerca de 75 anos. Ainda na plenitude da sua força carismática, atraía inúmeras romarias de lugares distantes, reunindo em Juazeiro massas ansiosas de amparo sobrenatural e cura milagrosa.

O primeiro quadro da peça mostra um telão com o mapa do Estado do Ceará, assinalando apenas o município de Juazeiro. A um canto do mapa, vêem-se os seguintes dizeres:

Juazeiro
- População: 20.000 habitantes
- Milagres: 1.302
- Escolas: 2
- Crianças sem escolas: 94%

O fato é que esta pequena estatística explica em certa medida o mundo de ambas as peças, principalmente o de Juazeiro na época de que Dias Gomes nos apresenta em *A Revolução dos Beatos* uma imagem ao mesmo tempo hilariante, grotesca e melancólica. A ampla seqüência de 14 quadros comunica-nos, de um modo vivo e colorido, o ambiente primitivo de que provém em essência também Zé do Burro. Vemos de início os beatos exaltados, entre eles moribundos, doentes e aleijados, diante da casa do Padre Cícero. Aguardam, em estado de frenesi e de êxtase místico, o seu aparecimento para que os abençoe. Bombas e foguetes espoucam. Todos gritam e cantam. Um Beato diz: "Quem morrer pelo Santo Padrim, morre por Deus Nosso Senhor e ressuscita na cidade d'Éle, santificado por Ele!" Um Fanático canta:

> Não tenho capacidade
> mas sei que não digo atoa:
> – Padre Cirso é uma pessoa
> da Santíssima Trindade!

Típico do messianismo é a opinião de um Beato de que "o mundo vai se consumir em chamas! Só vai escapar do fogo final aquele que estiver com Ele, o escolhido de Deus, o nosso Padrinho!"

Entende-se a enorme concentração de sertanejos pobres ao verificar que nos começos do século XX se trava ali uma verdadeira guerra civil localizada que se propaga a toda a região do Cariri. De 1901 a 1909 foram depostos, a bala, no sul do Ceará, os coronéis e chefes políticos de Missão Velha, Crato, Barbalha, Lavras, Campos Sales, Aurora e Araripe. Juntem-se a isso os conflitos permanentes por demarcação de terras, a tenebrosa exploração do trabalhador no eito, as incursões de grupos de cangaceiros (por sua vez conseqüências da situação geral) contra propriedades, vilas e mesmo cidades, e teremos as linhas gerais de um panorama do Cariri entre a última década do século XIX e as primeiras três décadas do século XX[2]. Tudo isso, sem mencionar as secas periódicas de efeito devastador. Semelhante situação explica em parte os bandos de cangaceiros e os redutos de fanáticos. Os coronéis, ao que tudo indica, tinham interesse na concentração de massas miseráveis, uma vez que a presença delas, depois da abolição, lhes facilitava obter mão-de-obra barata. Não há dúvida que Juazeiro se tornou também refúgio para muitos criminosos. Um penitente pergunta se o Padre Cícero lhes dá proteção e um romeiro responde: "Então. Tem dado para tanta gente. Juazeiro tá cheio de cabra fugido. Até cangaceiro ele protege. (Convicto) É um Santo!"

Baseado em várias fontes (principalmente no parecer de um médico), Dias Gomes apresenta um retrato bastante negativo do Padre Cícero. O "Padrim" teria sido um homem paranóico, indeciso, avesso à educação secular. Ocasionalmente diz: "...não vejo motivos para criar mais escolas em Juazeiro, quando as duas que existem não estão nem com as matrículas completas". Uma Fanática acrescenta: "Escolas, escolas... igrejas eles não pensam em construir..." E o padre remata: "Foi o que eu disse, que o homem não precisa de tantas escolas para chegar a Deus". Segundo a peça, o Padre Cícero é instrumento dócil na mão de Floro Bartolomeu, seu médico, mas sobretudo seu orientador em questões políticas. Com efeito, Floro domina-o completamente e faz dele o seu grande cabo eleitoral, maravilhoso colhedor de votos graças ao qual Floro espera tornar-se deputado federal. Segundo Rui Facó, Floro, falso romeiro, era

um tipo de coronel que se foi tornando comum no Brasil com o crescimento da burguesia nacional. É um misto de coronel e burguês, de lati-

2. RUI FACÓ, *Cangaceiros e Fanáticos*, Rio de Janeiro, Editora Civilização Brasileira, 1965.

fundiário e capitalista, simultaneamente chefe de cangaço e político das grandes capitais, e que, nos meios políticos, seja do município, do Estado ou em âmbito nacional, vai defender diretamente os interesses de sua grei, mas procurando conciliar por todos os meios os interesses da burguesia e do latifúndio[3].

Também a ação desta peça gira em torno de um quadrúpede que é, de fato, o personagem central. Desta vez, porém, se trata de um Boi, animal bem mais ligado às representações coletivas do Nordeste. O Boi é um presente recebido pelo Padre e revela logo capacidades milagreiras semelhantes ou mesmo superiores às do "Padrim". O primeiro milagre que faz — e que não teria sido decente pedir ao Padre — é atender a súplica de Bastião: induzir Zabelinha, mulher casada, a se enrabichar por ele. O Boi, chifrudo como é, não se incomodará — como se incomodaria o Padre — em pôr chifres no marido da mulher. Com efeito, o marido acaba de abandonar Zabelinha e esta, embora de manhã ainda desprezasse Bastião, de noite já se apaixona por ele. Bastião cumpre a promessa feita ao "Boi simpático": rouba capim fresco para ele. Mas o Boi não aceita capim roubado, confirmando a sua santidade. A partir daí torna-se centro de romarias e o negro Mateus toma conta dele, não sem vender a preço alto, como relíquia, amuleto ou remédio específico, bosta, urina, baba, pêlos, raspas dos cascos, fragmentos dos cornos, fios da cauda do Boi-Santo. O deputado Floro verifica logo o perigo da situação. O animal constitui-se em forte concorrente do Padre Cícero. De fato o fluxo dos beatos que adoram o Boi aumenta assustadoramente, na mesma proporção em que diminui a corrente dos fiéis que se dirigem à casa do Padre. O abalo do prestígio do Padre, cujo pronunciamento influi decisivamente na votação, põe em perigo a situação de Floro. "Daqui a pouco, declara, este Boi será também o Prefeito e o chefe político." As reflexões de Floro não deixam de ser corretas: o Padre se fez Prefeito graças ao prestígio acumulado pelos milagres. Se em vez dele o Boi faz os milagres, o futuro se afigura sinistro. Como o Boi resiste galhardamente a todas as manobras políticas, Floro resolve ao fim matá-lo, intuito que provoca um levante para salvar o animal sagrado. Vêm tropas da capital. Há mortos, Bastião é preso, mas consegue escapar. Pouco a pouco se cura do seu fanatismo. Desde o momento em que viu o Boi comer o capim roubado — inicialmente recusado — a sua fé na santidade do animal ficou profundamente abalada. No fim não é a tropa que mata o Boi mas o próprio Bastião. Quando ouve Floro dizer aos romeiros

3. *Idem.*

que foi Deus quem matou o Boi, Bastião exclama rindo: "Eu sou Deus!" Vê-se que Bastião, ao contrário de Zé do Burro, acaba ao fim liberto da crendice e superstição. Através de vários fatos e ocorrências se lhe revela pouco a pouco a ingenuidade da sua promessa a um Boi. Ele começa a "desacreditar de uma porção de coisas". Se no início da peça é um homem vivendo no mundo arcaico antes descrito, ao fim se abeira, embora confusamente, do nosso século. A peça visa, portanto, à "desmistificação". Ela desmascara sobretudo os mecanismos com que a política aproveita a inocência do povo.

É conhecido que o Boi-Santo é um quadrúpede histórico. Dias Gomes segue de perto os acontecimentos reais embora a ação fundamental, sendo fictícia, transforma também os personagens — incluindo Floro, o Padre e o próprio Boi — em ficção, já que desempenham papéis numa ação imaginada. Mas o Boi-Santo existiu em plena realidade, suscitando, na segunda década do século, um movimento místico-popular no Ceará que repercutiu em amplas regiões nordestinas. Parece que também o filme *Os Fusis* se baseia nos fatos fundamentais desse movimento. Dias Gomes, aliás, cita o livro de Lourenço Filho, *Juazeiro do Padre Cícero*; Luís da Câmara Cascudo aduz, no seu *Dicionário do Folclore Brasileiro*, além disso, uma obra do próprio Floro Bartolomeu e várias outras que abordam o mesmo assunto. Dias Gomes aproveitou o tema do Boi-Santo para fundi-lo com motivos do auto do Bumba-meu-Boi, numa tentativa de fazer Teatro popular:

tentativa para encontrar uma forma brasileira para esse tipo de teatro, no qual o Povo se sinta representado, pesquisado, discutido e exaltado, em forma e conteúdo. Parece-me desnecessário dizer (prossegue Dias Gomes no prefácio à sua obra) que esse Teatro, além de popular, é também político — não poderia deixar de sê-lo. Se escrevemos para o Povo, uma pergunta se impõe: a favor ou contra? Pois não é possível ficar neutro com relação a ele. Como Povo, entendemos massa oprimida. Se lhe apontamos caminhos para livrar-se da opressão, se o armamos contra o opressor, estamos a seu favor; se apenas o distraímos — e por conseqüência o distraímos da luta — estamos contra ele. Não há neutralidade possível.

A realidade histórica resultou, no mundo da peça, em fusão estranha de farsa grotesca, folclore, poesia, fanatismo, pureza, heroísmo, malícia e miséria humana. Não se pode deixar de respeitar o genuíno sentimento religioso que se revela na exaltação do animal sagrado — adoração ainda hoje corriqueira em várias regiões do mundo e parte da herança arcaica da humanidade. Mas não se pode deixar de lembrar, ao mesmo tempo, a famosa exposição em que Hegel descreve a longa e dura luta dos gregos antigos para superar esta forma primitiva de religiosidade.

IV

Ambas as peças em conjunto apresentam, como vimos, um quadro vivo de aspectos fundamentais do misticismo e messianismo popular, sugerindo ao mesmo tempo algumas das causas fundamentais deste fenômeno, de que Dias Gomes, de resto, não só vê os lados negativos, mas também o que nele se manifesta de energia, heroísmo, pureza, solidariedade e força, infelizmente canalizados para comportamentos irracionais e desvinculados da realidade. Implicitamente, as peças sugerem as condições sócio-econômicas que possibilitam os movimentos fanáticos. As aspirações de superar a pobreza, de encontrar certo bem-estar e segurança — aspirações aceitas e valorizadas pela nossa cultura — se chocam ou chocaram com instituições sociais e políticas que tornam impossível a realização de semelhantes anseios, no entanto oficialmente reconhecidos e mesmo exaltados como válidos. Tais aspirações não encontram vias construtivas de expressão numa organização social que fomenta (ou pelo menos fomentou) o coronelismo semifeudal, os conflitos entre clãs com seus capangas e que nunca se mostrou capaz de pelo menos aliviar a miséria das secas que, afinal, de modo algum são um mal metafísico, enviado por deuses iracundos. As terríveis tensões decorrentes da incapacidade de dar às aspirações perfeitamente sensatas vias de expressão produtiva encontram sua descarga em formas de um fanatismo primitivo, já que os padrões culturais do sertanejo e das populações de vastas regiões da hinterlândia se mantêm dentro de um contexto mítico-mágico. Semelhantes "veredas de salvação" evidentemente não levam ao domínio da realidade, mas, ao contrário, a formas de evasão por vezes violentamente autodestrutivas, como mostra o episódio de Pedra Bonita. Outro caminho, o do cangaço, envereda pela rebelião anárquica contra qualquer ordem e lei. O fanatismo religioso e o cangaço têm as mesmas raízes e seus rumos muitas vezes se cruzam e coincidem, como é sugerido em *A Revolução dos Beatos*. Mas em ambos os casos se trata de "revoltas alienadas" (na expressão de Maurício Vinhas de Queiroz), revoltas completamente fora da realidade do nosso tempo e sintomas de um processo social patológico.

Os movimentos messiânicos de massa baseiam-se na esperança de que aparecerá um herói poderoso, um deus ou Santo, a fim de instaurar os seus adeptos na posição merecida, já neste nosso mundo. Maurício Vinhas de Queiroz, ao descrever a guerra sertaneja do Contestado, frisa que a esperança messiânica é filha do desespero causado pela incapacidade de obter-se aquilo que a cultura define como satisfação comum das necessidades vitais[4].

Maria Isaura de Pereira Queiroz realça três elementos que estão sempre presentes nos movimentos messiânicos: 1) o aparecimento do mensageiro divino; 2) um povo que sofre porque suas reivindicações justificadas não encontram eco; 3) a promessa de um paraíso terreno ou de completa reabilitação, ainda neste mundo, em face da injustiça sofrida[5].

Em ambas as peças encontramos a atmosfera, o ambiente, a mentalidade, as condições, a angústia, a desesperança e a esperança daquele mundo tão próximo e tão remoto. Zé do Burro encarna o que há de grande e admirável naquela humanidade espezinhada, enquanto ao mesmo tempo a representa em todo o seu primitivismo e atraso. É o Santo virtual, capaz de cristalizar as esperanças do milênio. A cidade crucifica-o, mas ele continua presente. O Padre Cícero e Floro representam — segundo a concepção da peça — uma constelação viciosa: o homem carismático manipulado por interesses econômico-políticos ou pondo-se a serviço deles. O povo identifica-se inconscientemente com o Boi-Santo, animal cheio de mansuetude e cordura, repentinamente rebelde e violento, ao fim sacrificado. Exaltado no Bumba-meu-Boi, ele revive, indestrutível.

---

4. MAURÍCIO VINHAS DE QUEIROZ, *Messianismo e Conflito Social*, Rio de Janeiro, Editora Civilização Brasileira, 1966.

5. MARIA ISAURA DE PEREIRA QUEIROZ, diversos trabalhos publicados no *Staden-Jahrbuch*, principalmente *Messiasbevegungen in Brasilien*, São Paulo, vol. 4, 1956.

5. VISÃO DO CICLO: ESTUDO DA OBRA DE JORGE ANDRADE

I

Com *As Confrarias* e *O Sumidouro*, peças até agora inéditas, por isso mesmo mais amplamente analisadas neste estudo, Jorge Andrade acredita ter encerrado toda uma fase criativa, dedicada a sondar e questionar, através da sua arte, o passado do Brasil, sobretudo a partir da perspectiva paulista e das classes superiores tradicionais a que está ligado por ascendência. Nada mais oportuno, portanto, que o lançamento da dezena de peças que constituem o vasto ciclo a cuja elaboração dedicou*, até tempos recentes, quase integralmente a sua atividade de dramaturgo.

No seu conjunto, esta obra é única na literatura teatral brasileira. Acrescenta à visão épica da saga nordestina a voz mais dramática do mundo bandeirante. É única, esta obra, pela

* *Marta, a Árvore e o Relógio*, São Paulo, Perspectiva, 1970.

grandeza da concepção e pela unidade e coerência com que as peças se subordinam ao propósito central, mantido durante longos anos com perseverança apaixonada, de devassar e escavar as próprias origens e as da sua gente, de procurar a própria verdade individual através do conhecimento do grupo social de que faz parte e de que, contudo, tende a apartar-se, precisamente mercê da própria procura de um conhecimento cada vez mais aguçado e crítico, que situa este grupo na realidade maior da nação. Todo o ciclo é, de fato, a incessante procura de quem, na medida em que encontra, mormente na medida em que se encontra a si mesmo, se torna "filho perdido", filho pródigo que *não* volta. Não é mero acaso que as últimas palavras da última peça do ciclo se refiram a esta busca: "Procurar... procurar... procurar... que mais poderia ter feito...?"

Debruçado sobre a realidade paulista e brasileira e seus aspectos históricos, sociais, morais e psicológicos, o autor tende, na recriação e interpretação deste mundo, a variadas formas de realismo, desde o psicológico até o poético (pondo de lado uma peça de rigor quase clássico como *Pedreira das Almas*). É um realismo maleável, capaz de assimilar recursos expressionistas e simbólicos e abrir-se a processos do teatro épico e antiilusionista. O diálogo é forte, seco, incisivo, cuidadosamente trabalhado para reproduzir, de forma estilizada, a fala dos personagens segundo a origem e o *status* social — diálogo, aliás, que pela sua retórica contida e muito pessoal, pelo jogo de metáforas e por certa ênfase disciplinada, revela ambição literária superior à maioria dos dramaturgos brasileiros contemporâneos. Os caracteres, situações, tensões e conflitos são, da mesma forma, solidamente elaborados por quem conhece o ofício do dramaturgo. Apesar da multiplicidade de recursos dramático-cênicos empregados, as peças de Jorge Andrade não são o resultado de experiências formais gratuitas. A amplitude e variedade do seu realismo, que não teme a inovação ousada, chegando por vezes a romper todos os cânones tradicionais, corresponde exatamente aos problemas dramatúrgicos propostos pela temática e pela experiência a ser comunicada.

No panorama do teatro brasileiro contemporâneo, a obra de Jorge Andrade se distingue pelo equilíbrio, pela firmeza do avanço para uma lucidez crescente que não se deixa contaminar por modismos irracionalistas e anárquicos ou por desvarios patológicos. Com freqüência transforma o palco em "espaço interno" da mente de personagens. O destaque dado à memória talvez tenha sido alimentado pela leitura de Proust. Todavia, os processos usados para evocar cenicamente as imagens da memória, embora inteiramente pessoais e de grande originalidade, são expressionistas provenientes de Strindberg, mais tarde adotados também de forma vária por Arthur Miller e Nelson Rodrigues. A arte de Jorge Andrade não tem, contudo, o cunho moralista do dramaturgo carioca, já que ele costuma relativizar e explicar aspectos morais à base de uma clara percepção social, particularmente sagaz na "incorporação das fontes rurais", segundo a expressão de Sábato Magaldi, mais recentemente também de ambientes urbanos. A análise social, no entanto, não se manifesta em moldes de um teatro de princípios ideológicos rigidamente estabelecidos. Sua arte não tem o caráter de engajamento político radical, freqüente na dramaturgia brasileira contemporânea, nem possui a agressividade do naturalismo expressivo de Plínio Marcos. A análise social, embora decerto apoiada em estudos e provavelmente aguçada pela dramaturgia politicamente comprometida, baseia-se sobretudo na experiência pessoal e em dados de observação da realidade nacional, reunidos por um escritor sensível às condições e vicissitudes da sociedade que o cerca.

O uso de formas épico-narrativas, no caso de Jorge Andrade, não tem as raízes medievais do teatro católico de Ariano Suassuna. Corresponde, antes, às inovações da cena brechtiana, aliás amalgamadas com certo caráter lírico-épico de feitio expressionista, aquelas bem adequadas às indagações sociais e históricas, e este, às sondagens psicológicas.

Deste modo o todo apresenta uma imagem, aprofundada pela verdade da ficção, de eventos e períodos que marcaram a história do Brasil, sem que esta dedicação ao particular e nacional, este mergulho numa realidade familiar pela experiência vivida, lhes diminua a verdade universal. Com efeito, traço distintivo das peças é o rico quadro de personagens e situações, perscrutadas até o fundo da sua substância universal, sem prejuízo da sua particularidade diferenciada, resultado, em certa medida, das condições histórico-sociais de que a obra, no seu todo, apresenta um imenso painel.

Embora as peças revolvam de peferência o passado, seria erro dizer que sejam devotadas ao passado ou que o exaltem ou manifestem saudade dele. Foi dito de Jorge Andrade que é "o nosso grande poeta do ontem". Isso certamente não significa que seja poeta *de* ontem. O poeta *do* ontem pode ser perfeitamente poeta de hoje. A atitude do saudosismo sem dúvida está presente em muitos personagens. Na medida em que estes são focalizados com profunda simpatia humana — mormente nas peças biograficamente mais antigas — não se pode negar a presença de uma visão afetiva e afetuosa de um mundo ido

103

a que o autor, apesar de tudo, se sente ligado[1]. Entretanto, o que prevalece são a indagação e o questionamento dolorosos, por vezes aguçados numa atitude quase se diria de autoflagelação. É a mente crítica, atual, que devassa a história — mente inflexível, severa, honesta até a crueldade. Essa atitude, quando fundida com a da simpatia que aceita a fraqueza e a vaidade como parte inevitável do homem, pode resultar em momentos de humor, logo jovial, logo amargo, como ocorre em *A Escada* e *Os Ossos do Barão*, ou então, quando essa simpatia se retrai e recolhe, pode manifestar-se em termos de ironia e sarcasmo, indo até a caricatura, como se nota em *Senhora na Boca do Lixo* e, mais uma vez, em *A Escada*. A atitude oscila entre a identificação emocional e o distanciamento crítico. Há, em várias peças, representantes mais ou menos diretos do dramaturgo (reflexo, em nível fictício, das preocupações de auto-análise do autor) que representam esta posição oscilante de identificação e distanciamento, posição que, por sua vez, é criticamente focalizada.

Para se escrever sobre um meio, é necessário senti-lo, até no sangue, e não poder viver nele. Assim como para escrever sobre um ser humano é necessário compreendê-lo a ponto de amá-lo... e não poder fazer nada por ele — às vezes nem suportá-lo[2].

Seja como for, mesmo quando o autor não introduz um seu representante imaginário como narrador explícito ou intermediário entre a atualidade e o passado, nunca deixa de manter-se atento o crítico olho contemporâneo. Longe de ser passadista, esta dramaturgia, ao celebrar, examinar e criticar os valores do passado, é plenamente atual. Atual também na medida em que, sendo libertação no tocante a valores que não subsistem ou que se esvaziaram, é engajamento para com o futuro.

---

1. As peças foram escritas na seguinte seqüência: 1) *O Telescópio*; 2) *A Moratória*; 3) *Pedreira das Almas*; 4) *Vereda da Salvação*; 5) *A Escada*; 6) *Os Ossos do Barão*; 7) *Senhora na Boca do Lixo*; 8) *Rasto Atrás*; 9) *As Confrarias*; 10) *O Sumidouro*. Percebe-se que, a partir de *Vereda da Salvação*, se manifesta uma visão mais crítica em relação ao passado. A apresentação da terrível miséria dos agregados rurais, nesta peça, decerto é sintoma de uma tomada de consciência nova. O autor, entretanto, mudou a seqüência em função do ciclo, fazendo sobrepor-se, de um modo geral, a sucessão das peças segundo a ordem histórica dos enredos.

2. Entrevista concedida a Flávio Rangel, na Revista *Senhor*, n.º 1, 1959.

II

As Confrarias, a primeira peça do volume — embora a penúltima na ordem da criação — recuam no tempo aos fins do século XVIII, focalizando de um ângulo incomum a Conspiração Mineira. A ação se situa, portanto, bem antes dos eventos da segunda peça, *Pedreira das Almas*, cujo pano de fundo é a revolta dos liberais em 1842, ainda em Minas. Ambas as obras caracterizam a fase da decadência e do fim do ciclo do ouro; a segunda, ligada à outra por personagens ou filhos de personagens, sugere ao mesmo tempo novos surtos, a promessa paulista, o início do ciclo do café. Gabriel representa o futuro, a determinação de abandonar o decadente mundo de Pedreira das Almas. Urbana, a orgulhosa matrona mineira, toda dedicada aos mortos e ao passado, não admite que a filha Mariana deserte a cidade dos antepassados e siga o noivo Gabriel para as férteis terras paulistas. "Não se pode cortar o passado, diz Urbana. Ele nos acompanha para onde vamos." Ao que Gabriel responde: "Ele não existe para mim." Este antagonismo, central na peça, é um dos motivos fundamentais de todo o ciclo e certamente não será erro dizer que Urbana e Gabriel são projeções de um entrechoque na mente do próprio autor, conflito cuja superação é problema sempre retomado no conjunto da obra.

A Moratória e *O Telescópio*, em seguida, têm por tema a decadência dos latifúndios cafeeiros tradicionais, de toda uma classe patriarcal e semifeudal de fazendeiros aristocráticos, devido à crise de 1929 e à revolução de 1930, enquanto se manifestam vivamente o conflito entre as gerações, o abalo dos valores tradicionais numa cultura em rápida mudança e as tensões entre o mundo rural e urbano. Marcelo, o filho náufrago, desesperançado e inadaptado de Quim, o fazendeiro, cujos antepassados vieram de Pedreira das Almas e que acaba perdendo a fazenda, diz ao pai verdades terríveis:

> O senhor finge não perceber que não fazemos mais parte de nada, que nosso mundo está irremediavelmente destruído... As regras para viver são outras, regras que não compreendemos nem aceitamos... Tudo agora é diferente. Tudo mudou. Só nós é que não. Estamos aqui morrendo lentamente...

Lucília, a filha já solteirona, protótipo de outros personagens femininos que, frustrados nas aspirações vitais pelo autoritarismo e pela soberbia dos pais educados num mundo patriarcal, não se entrega aos sonhos e às esperanças vãs de Quim que acredita poder recuperar a fazenda. Enfrenta com realismo a situação e procura ganhar dinheiro, costurando furiosamente — menos para subsistir, segundo a expressão de Décio de Almeida Prado, do que para punir a si mesma e aos pais pelos erros cometidos no passado. O mundo ultrapassado dos pais é visto, nesta peça, com simpatia, afeto e profunda compaixão, sem que se omita a consciência crítica e a ironia. Esta, contudo, se manifesta ainda de forma compassiva e clemente.

O Telescópio é um "quadro da vida rural" que mostra, numa fase posterior à crise e, portanto, à *A Moratória*, o estilo de vida sólido e tradicional, da velha geração de fazendeiros em contraste com o dos jovens, dissolutos, instáveis, contagiados por padrões metropolitanos. O telescópio, focalizando o mundo limpo e remoto das estrelas, ordenado por leis invariáveis, constitui-se em símbolo de um universo bem diferente dos desregramentos dos filhos, caracterizados pela entrega à jogatina enquanto os "Velhos" se entregam a sonhos celestes. Um dos filhos, embriagado, derruba ao fim o instrumento. A obra, embora menor em relação às outras peças, e sem ação propriamente dramática, já que apresenta apenas uma situação, tem uma função importante dentro do conjunto, por relacionar seus personagens com os das outras peças. Os protagonistas, o casal de fazendeiros Francisco e Rita, são netos de Gabriel que, vindo de Pedreira das Almas, tomou posse de 30 000 alqueires, legando-os aos descendentes. Os filhos do casal, incapazes como Marcelo (de *A Moratória*) de um trabalho dedicado e contínuo, dividirão e dilapidarão as terras. Quim, que já perdeu a fazenda (*A Moratória*), é parente: a *prima* Lucília é elogiada por seu trabalho abnegado para manter a família. Dolor e seu filho Joaquim, personagens centrais de *Vereda da Salvação*, são meeiros da fazenda de Francisco e o delegado Hélio, de Jaborandi, personagem de *Senhora na Boca do Lixo*, é o mesmo que, sem culpa embora, envia a força policial que extermina os crentes fanáticos de *Vereda*. Isabel que, em *Os Ossos do Barão*, se casa com Martino Ghirotto, é *prima* de Luís, descendente da baronesa de Jaraguá, *genro* de Francisco e Rita e "aristocrata que apodrece na cama". De passagem é mencionado também o *neto* de *tia* Mariana, Vicente, o "artista", que matou de desgosto o pai, ou seja, o *primo* João José, personagens centrais de *Rasto Atrás*. Quanto a Vicente, reaparece também em *A Escada* e *O Sumidouro*. *O Telescópio*, deste modo, tece fios e estabelece relações entre todas as peças, tornando-se elo de ligação e encruzilhada do ciclo.

Com *Vereda da Salvação* ocorre uma mudança radical de perspectiva. Enquanto até então se focalizaram as classes alta e média, agentes da história nacional, nesta peça avança para o centro a classe dos pacientes e objetos, mais de perto, a classe dos trabalhadores rurais, base e sustentáculo material da nação, mas sem participação ativa e consciente nos rumos do seu devir, vivendo até hoje num mundo marginal, mítico, a-histórico, intemporal. Mundo que os leva ao fanatismo sangrento como única esperança de se libertarem de uma opressão de que sentem o peso esmagador, sem terem consciência nítida do mecanismo que os escraviza. Em *O Telescópio* vemos, de passagem, este mundo terrível a partir da perspectiva dos fazendeiros — gente piedosa, boa, simpática que prefere observar as estrelas, olhando para cima em vez de para baixo: nunca lhes passaria pela cabeça que há alguma coisa de errado nesta situação: é assim mesmo, sempre foi assim — que é que se há de fazer?

A peça, dentro do conjunto das peças, ocupa lugar de relevo excepcional. Aprofundada pelas outras, aprofunda por sua vez estas. Ilumina-as criticamente, ao acrescentar às classes mais elevadas aquela que as sustenta e lhes serve de pedestal, ampliando assim a visão da hierarquia social. O tema surge, de leve, também em outras peças, mormente em *As Confrarias* em que encontramos um esboço de toda a estrutura da sociedade colonial. Mas com *Vereda* introduz-se no ciclo uma nota mais cortante. Quem lê as dez peças apreciando o conjunto, já não pode isolar esta nota áspera que se associa mesmo aos momentos mais melódicos de saudosismo e simpatia pelo mundo perdido do passado.

Em *Senhora na Boca do Lixo* é retomado o tema da decadência da aristocracia, desta vez, porém, no ambiente urbano. Noêmia, a protagonista, paulista de 400 anos em situação econômica difícil, vive totalmente alienada da realidade atual do Brasil, tanto no sentido temporal como espacial: vive no passado e prefere a França, custeando as freqüentes viagens com objetos contrabandeados, trazidos da Europa. Camila, filha de Noêmia e noiva do delegado Hélio, que prende a mãe contrabandista, é uma Lucília mais moderna, mais inteligente, marcada pela vida metropolitana e por valores novos. O conflito inevitável é conduzido com grande eficácia dramática. A peça, lúcida na análise das situações, dos personagens e das idéias, aponta as injustiças sociais, os dois pesos com que os representantes da lei tratam os filhos de ninguém e os fidalgos. De forte teor satírico e polêmico, a obra não nega, ainda assim, a simpatia humana característica do autor, que torna amoráveis mesmo os personagens visados pela crítica.

Os mesmos temas da decadência de uma classe agarrada às glórias do passado, assim como o desentendimento entre as gerações, em ambiente urbano, são abordados em *A Escada* e

Os Ossos do Barão. A primeira é vazada em termos satíricos, mas ao mesmo tempo pungentes, porque a sátira incide sobre um casal de velhos totalmente alheados da realidade. A segunda é composta numa chave de velhos totalmente alheados da realidade. A segunda é composta numa chave leve e cômica. A sua tendência é conciliadora, visto que os aristocratas em decadência econômica, suficientemente punidos pela realidade, aceitam de bom grado o casamento da filha — de qualquer modo já independente — com o filho do imigrante italiano enriquecido, antigo colono na fazenda da mesma família aristocrática. O personagem de Egisto Ghirotto, o saboroso e sagaz imigrante, é uma das melhores invenções de Jorge Andrade, que revela nesta peça uma veia humorística até então encoberta ou manifestada apenas com extrema reserva. Bem cômica se afigura também a relação entre Bianca, a mulher analfabeta de Egisto, e Elisa, a aristocrática empregada, que foi criada "em fazenda de gente de tradição, de gente que manda neste país". A peça, variando o tema da decadência de um modo afável e conciliador, focaliza ao mesmo tempo o início de um novo ciclo, o da industrialização, da ascensão concomitante dos imigrantes e da sua integração na sociedade brasileira.

Rasto Atrás, uma das peças mais complexas e ricas do ciclo, muda de novo de perspectiva: o intelectual e dramaturgo Vicente — o "artista" mencionado em *O Telescópio*, o "filho pródigo" que se afastou do mundo tradicional do passado — volta da metrópole para uma visita às suas origens em Jaborandi, cidadezinha rural estagnada, transfigurada, pela imaginação de Jorge Andrade, à semelhança da cidade de Jefferson, de William Faulkner. A viagem ao interior, descida ao passado, é para Vicente de fato uma viagem ao "interior", à sua própria intimidade profunda. Seguindo os próprios passos "rasto atrás", à caça de um mundo perdido, à procura — sempre à procura! — da infância e de seus traumas, revivendo o conflito com o pai que, todavia, tanto amava e que, tão diverso, lhe era tão próximo e semelhante, Vicente repete de certa forma o que o dramaturgo real empreendeu ao escrever a dezena de peças. Em *Rasto Atrás* torna-se temática a enorme realização do ciclo, todo ele uma imensa andança rasto atrás, ao ponto de Vicente, num momento de dúvida extrema, se perguntar: "Será que fiquei apenas em lamentações sobre a decadência... sem ter saído dela?!". A volta nesta peça é sobre os próprios rastos, à caça do próprio eu, como é, no ciclo todo, sobre os rastos da coletividade, à caça da verdade e da essência da sua gente que abarca a do próprio eu. E em ambos os casos o retorno ao passado é anseio de libertação e futuro, individuais e coletivos. "Preciso compreender esse passado e me libertar."

A peça é o lance extraordinário de um dramaturgo em plena maturidade: rica e complexa na psicologia e na estrutura que anula o tempo, fundido na simultaneidade do espaço; excepcional no desenho dos personagens principais — Mariana, a avó, João José, o pai, Elisaura, a mãe, as três irmãs tchekhovianas, tias de Vicente, os quatro Vicentes, de 5, 15, 23 e 43 anos —, magistral ainda no esboço rápido e incisivo de personagens menores como Vaqueiro, Pacheco, França, Maruco.

O título da última peça, *O Sumidouro*, sugere desde logo o tema da bandeira de Fernão Dias Pais. Pelo enredo a obra marca, portanto, o ponto inicial de todos os desenvolvimentos futuros, quer da história, quer da seqüência dramática de Jorge Andrade. Entretanto, a peça é de fato a última que escreveu e com a qual conclui o ciclo. A razão deste deslocamento é simples. É a partir do dramaturgo Vicente, contemporâneo nosso, que se projeta o drama de Fernão Dias, refletido e examinado, portanto, de um ponto de vista atual. Trata-se, mais uma vez, de uma descida às origens, desta vez às mais remotas, de uma escavação das raízes, mas o poço do passado é iluminado por projetores modernos. Por isso a peça encerra o conjunto, envolvendo as outras como num vasto círculo temporal, incluindo mesmo *As Confrarias*.

Esta última obra abre a série de peças porque seu passado, embora posterior ao de Fernão Dias, não é evocado, mas surge na plenitude da realidade fictícia. A presença cênica do passado, no caso, não é mediada por nenhum narrador atual. Se a última peça do ciclo mergulha no fundo das origens, tendo como ponto de partida o nosso tempo, a primeira avança do passado vigorosamente para o futuro, em virtude da temática da Inconfidência. Entre o ponto de partida e o ponto final do todo dramático, os altos e baixos dos ciclos históricos mencionados implicam a periodicidade de ascensões e decadências, estas últimas, é verdade, bem mais acentuadas na arte de Jorge Andrade, a qual, quanto a este aspecto, lembra às vezes as peças de Tchekhov e o teor fundamental de *Os Buddenbrooks*, de Thomas Mann, romance da decadência de uma família e de uma classe. A unidade da epopéia dramática monumental, desde logo garantida pela coerência interna do seu mundo, é ainda reforçada pela repetição e variação de temas, situações, personagens e símbolos fundamentais.

109

III

As Confrarias, como já foi exposto, situam-se nos fins do século XVIII, na atmosfera sediciosa da Inconfidência. A portadora deste espírito de revolta, na peça, é Marta, personagem que, aliás, surge no título geral do ciclo: *Marta, a Árvore e o Relógio*. Ela aparece em várias peças, quer cenicamente, quer apenas mencionada ou evocada, às vezes mesmo transparece de outro nome. Ela surge nas mais variadas posições sociais, mas sua substância é sempre a mesma. Aos poucos assume caráter quase mítico pela intemporalidade e tipicidade de figura popular em que se fundem traços reais agudamente observados, e qualidades virtuais, projetadas pela imaginação do escritor que dá voz à fé e esperança do espírito coletivo.

O enredo é ousado ao extremo. Aborda um tema que é também fundamental em *Pedreira das Almas*: o da morte sem sepultura. Em *Pedreira*, o enterro é postergado pela própria irmã do morto porque o ato piedoso exigiria a denúncia de um vivo — de Gabriel — às autoridades combatidas. O tema é de certo modo o de *Antígone*: Mariana, a irmã, assume em face da autoridade a mesma atitude inflexível da heroína grega; mas o conteúdo da sua decisão é exatamente contrário: ela não só não procura enterrar o irmão, mas insiste, por razões políticas e de lealdade aos vivos, em deixá-lo insepulto.

Em *As Confrarias*, o tema se coloca até por duas vezes: Sebastião, o marido de Marta, permanece insepulto. E invertendo a atitude de Antígone, que se sacrifica a fim de dar sepultura ao irmão, apesar da proibição do rei Creonte, Marta surge como mãe impiedosa, mercê de um ato de piedade talvez superior, visto manter o corpo do filho José insepulto para que o morto sirva aos vivos. É inevitável, no contexto da peça (cuja ação se desenrola em Ouro Preto), a evocação da palavra do Evangelho de que cabe aos mortos enterrar os mortos. Não é desde o início da sua criação dramática que o autor chegou a esta visão. E foi uma idéia excelente colocar esta peça no início do ciclo: a leitura dela influirá na das outras.

Em ambas as obras a dedicação aos mortos e à morte, em *Pedreira* representada com sombria grandeza pela matriarca Urbana, define a veneração das tradições e do passado, mormente quando já esvaziados de sentido. A violação do tabu sagrado, ainda mais quando praticada pela própria mãe, vergada pela dor, é um ato de traição que se reveste de uma espécie de majestosa desumanidade. Ela se torna suportável somente por ser posta a serviço do engajamento mais elevado em favor da vida e do futuro, numa atitude que, em última análise, é ainda expressão de um amor superior pelos mortos chorados. Das cenas terríveis que giram em torno da decomposição — tema, aliás, constante do autor de *O Telescópio* e de *A Moratória*, uma vez entendido o termo em acepção mais ampla — depreende-se sutilmente um significado simbólico maior em função do ciclo. O teatro de Jorge Andrade afigura-se como um grande julgamento que recorre à exumação para compreender, defender e acusar; é um constante prestar de contas, é libertação e redenção do passado em prol do porvir. A descida às tumbas é como que um ritual de exorcização para apaziguar as sombras do passado. "E não venha falar novamente em mortos", diz Marta ao filho. "Enquanto sonha com eles, não pode mesmo compreender os vivos." Mas os mortos só podem repousar em paz se a sua vida e morte se tornam significativas para o futuro. "Que o odor do corpo dele (do filho) torne insuportável a vida na cidade!" exclama Marta, indignada pelo conformismo dos cidadãos. E em outra parte: "Meus mortos não serão mais inúteis. Devem ajudar os vivos". A morte, nesta dramaturgia, se liga indissoluvelmente à vida; a tumba, à ressurreição.

Auxiliada por Quitéria, amante do filho, morto por um beleguim por suspeita de sedição, Marta transporta o corpo numa rede, aparentemente em busca de solo sagrado para enterrá-lo. A sua *via crucis* leva-a sucessivamente, como repetindo os passos de uma paixão, às sedes de quatro Confrarias, às quais dirige o seu pedido. Entretanto, não só sabe da inutilidade da solicitação, mas contribui ainda, pela sua atitude de desafio e escárnio, para precipitar a recusa dos dignitários. Cada uma das quatro Confrarias representa uma classe, uma situação social e, concomitantemente, determinados interesses econômicos, preconceitos, ressentimentos, ódios e ambições. A Ordem Terceira de Nossa Senhora do Monte Carmelo é dos brancos mais ricos, congregando os elementos do alto mundo econômico; a Confraria do Rosário, dos negros, reúne a mão-de-obra humilde, escravos e ex-escravos, aliás desinteressados em resgatar os negros de outras "nações" africanas e despidos de solidariedade social e racial; a Irmandade de São José, dos mulatos, abriga os artistas e artesãos, ao passo que a Ordem Terceira das Mercês, irmandade da classe média, é liberal pelo menos na intenção, admitindo elementos de todas as origens.

Quatro vezes Marta bate debalde às portas das Confrarias e em cada disputa a enigmática personagem cresce em mistério e grandeza. Enquanto se desenvolve um jogo intensamente dramático em torno do acolhimento do morto e da recusa dos dignitários, jogo cheio de malícia, paixão, ironia e cólera, que resulta em devassa chocante de uma esplendorosa mascarada

111

encobrindo interesses e vaidades subalternos, configura-se com nitidez cada vez maior a situação geral da colônia humilhada pela opressão e se insinua o aflorar de novas idéias libertárias vindas da Europa. Esse tema é retomado, em outro plano, na última peça do ciclo, *O Sumidouro*, na qual se escava a raiz de um mal — e ao mesmo tempo a rebeldia daí decorrente — que iria ter conseqüências nocivas através dos tempos.

A intricada estrutura social da colônia exaurida por múltiplos impostos, o conformismo de muitos e a revolta de poucos, instigada na peça por Marta e seu filho, compõem pouco a pouco um vasto quadro colorido, sem que em momento algum esmoreça a tensão dramática nutrida pelo conflito de interesses dentre e entre as Confrarias e pela investida de Marta contra a rígida imobilidade dos interesses estabelecidos.

O enterro de José é recusado sobretudo por se tratar do corpo de um "ímpio, uma face do demônio" — enfim, de um ator. "Não sabe que infiéis, suicidas e atores não podem ser enterrados em igrejas?" Marta o sabe e consegue provocar até a recusa da Confraria dos mulatos a cujo *status*, social se ajustava o dos atores ("Mais uma boca de mulato que estropia verso..." "É para o que servem estes bastardos", esta a opinião dos irmãos carmelitas). Mais importante que o enterro — que, ao fim, contudo, se realizará na igreja maior da natureza livre, acompanhado pelas Confrarias amedrontadas — é a luta pela "liberdade, posto que tardia". Em favor desta luta pela qual morreu José, Marta está disposta a postergar o repouso do filho. Sua morte não é o seu fim. Ele renascerá como um deus primaveril em outras peças desta grande festa dramática, como de fato já é uma ressurreição de outro José, do mameluco Dias, condenado à morte pelo pai Fernão; ressurreição ou, se se quiser, prefiguração, visto que o lugar do ator José é anterior no ciclo, embora posterior na história.

É profundamente significativo que o personagem mais importante da peça — ao lado de Marta — seja um ator. O ciclo dramático inicia-se com a exaltação do *ator* e do jogo cênico, através do qual se evocará o passado ou se lhe conjurará a presença. E encerra-se com a focalização do *dramaturgo* chamando e materializando na cena os vultos históricos. Essa presença do passado, no entanto, é ao mesmo tempo distanciada pelo jogo teatral dentro do jogo teatral. A peça celebra a arte cênica, demonstrando-a, chamando a atenção sobre ela. Ela rompe a ilusão enquanto a exalta e precisamente por exaltá-la mediante a arte do ator José. Este já foi morto quando se inicia a ação. Marta, exímia atriz também (e que grande papel para uma atriz exímia!), "atua", astutamente disfarçada, diante dos expoentes das Confrarias. Através da sua narração chama o filho morto e faz com que se encarne diante dos membros das Irmandades. O filho, cenicamente ressurreto, faz ressurgir, por sua vez, na sua missão de Inconfidente e agitador, os personagens da Roma antiga em sua luta contra o tirano César (Jorge Andrade recorre aos versos da peça *Catão*, de Almeida Garrett) ou se metamorfoseia em Fígaro ou outros personagens. Assim se estabelece um jogo complexo de desempenhos dentro dos desempenhos, em vários níveis temporais: o da ação propriamente dita, os dos retrocessos cênicos ao passado próximo, narrando a vida de José e do pai Sebastião, e ao fim os planos temporais das lutas antigas, cuja validade exemplar abrange todos os tempos e se projeta ainda para o nosso futuro. O fluxo dramático da ação atual é ao mesmo tempo interrompido e nutrido por estes interlúdios narrativos de Marta (por sua vez dramatizados pela manifestação cênica dos personagens narrados). Deste modo a ação atual é projetada contra o pano de fundo de um processo milenar de emancipação humana.

A presença do ator, nesta primeira peça da "epopéia dramática", tem ainda outro significado: pela situação histórica José, embora possivelmente branco, se define no seu *status* de ator como "mulato". Seu "mulatismo" o caracteriza como *marginal man* (no sentido de Stonequist) tanto em relação aos brancos como aos pretos. Mediando entre estes e aqueles, é capaz tanto de com ambos identificar-se como de distanciar-se de ambos. "Quem consegue sentir os outros, se não os que vivem divididos em mil pedaços?" — palavra hiperbólica de Marta que poderia ser de Mário de Andrade ("Eu sou trezentos"). José, diz Marta, "tinha muito de pardo. Daqueles que são estrangeiros em sua própria casa". A situação de José é exatamente a de José Dias, o mameluco, em *O Sumidouro*.

Essa situação de quem se identifica com tudo ou nada, de quem tem a cor "do homem... que nascia diariamente no corpo dele", de quem, portanto, desempenha papéis e quer "ser com perfeição o que a gente não é... e é, ao mesmo tempo", é a do ator e certamente de quem, como autor, se sente profundamente ligado ao passado e concomitantemente o desmistifica em função do futuro ou, como foi dito no início, de quem oscila entre a identificação emocional e o distanciamento crítico. O escritor aqui se confunde com o ator, fato mais confirmado que desmentido pela palavra de João José, *Rasto Atrás*, de que "ninguém precisa pintar a cara para escrever". Na mesma peça, aliás, Vicente, o dramaturgo, enquanto criança, ensaia os mesmos movimentos miméticos do jovem ator José, representando o crescimento de uma planta. Mormente em *Rasto*

Atrás é abordado este drama da marginalidade do escritor e intelectual, que não deve ser confundido com o da "alienação" de tantos personagens ultrapassados pelo tempo e incapazes de se adaptarem à realidade por sonharem com um passado irrecuperável (*A Moratória, A Escada, Os Ossos do Barão, Senhora na Boca do Lixo* e outras peças). O autor e artista, marginal mesmo em relação a este grupo de *outsiders* e "alienados" (ao qual, contudo, se sente emocionalmente ligado), é capaz de criticar e superar este grupo e de, em certa medida, reintegrar-se na realidade.

É justamente a situação marginal do ator (em extensão: do escritor e intelectual) que impõe a José a consciência aguda da sua existência precária a esgotar-se em desempenho lúdico de papéis e que, por isso mesmo, lhe exige a busca apaixonada da verdade, da identidade ("quem sou eu?" é também a pergunta de Vicente, em *Rasto Atrás*); busca que o levará à escolha livre da sua personalidade e da sua missão libertária: problema que é de todos os intelectuais e que aqui é proposto, de forma radicalizada, por meio da figura do artista. Dessa situação resulta certa inflexão irônica da peça: Marta e José, os dois personagens à margem da sociedade e dos valores consagrados que, por ofício ou conjuração, vivem "representando", são os mais autênticos da obra, ao passo que a maioria dos expoentes das Confrarias, que representam a sociedade e seus valores, de fato os "representam" apenas, num jogo falso, cheio de má fé. Os termos cênicos dessa contradição são de excepcional vigor teatral. O explendor grandioso, a magnificência dourada e altamente "representativa" dos "pilares da sociedade" são, pouco a pouco, expostos na sua vaidade e vacuidade íntimas e desmascarados precisamente perante e pelos histriões cuja profissão é o uso da máscara.

A peça constitui-se em abertura condigna do ciclo, visto focalizar, numa espécie de prólogo geral, a arte teatral, exaltando-lhe a função desveladora e libertadora da verdade.

A árvore e o relógio, símbolos multívocos que, anunciados no título, se enriquecem na sucessão das peças, surgem pela primeira vez no fim de *As Confrarias*. São introduzidos por Martiniano, personagem que, tal como o de Marta, se liga à trama de *Pedreira das Almas*. Marta desde logo se impõe como uma das grandes figuras da dramaturgia brasileira. Mulher do povo, matreira e maliciosa, maleável mas inflexível, pura e sensual até à obscenidade, brutal e terna, impiedosa e maternal, realista mas capaz de sonhar, ela é uma heroína que convence pelo sabor real mas que, ao mesmo tempo, é grande demais para ser real. Misteriosa e indefinível, atravessa os tempos e as peças do ciclo, algo como a encarnação do espírito da terra. Sua dimensão se abeira da espera do mito. Ela é da substância popular e universal de Pelagea Vlassova, a mãe russa que Brecht recriou baseado na obra de Maksim Gorki.

IV

Na primeira peça surge o personagem do ator, suscitando o distanciamento épico, característico do teatro no teatro: rompe-se a ilusão pela focalização dos recursos que a produzem. Mercê deste processo dramático-épico a luta pela liberdade se trava duas vezes. Presenciamos a luta individual do ator para engajar-se na luta sobre-individual. Ao assumir este combate maior, José encontra a liberdade pessoal no empenho pela independência coletiva e no desempenho de um *ethos* libertário e humano depositado em papéis nos quais, ao identificar-se com eles, encontra a própria identidade. Implicitamente, todo o ciclo repete e desenvolve este processo de libertação, sem omitir as hesitações e torturas que esta "inconfidência" encerra. "Eu também estava preso a uma árvore que me sufocava — diz Vicente em *O Sumidouro*. — Não pertencia mais ao mundo que ela representa, nem me deixava pertencer a outro." Visto no seu todo, visto em particular a partir das últimas peças (no sentido biográfico, isto é, incluindo *As Confrarias*), o ciclo encena o crescente distanciamento em relação ao passado ou pelo menos ao que nele há de sufocante e morto. O passado, a "árvore", a tradição, o estabelecido (de que as Confrarias são representantes expressivas), com seu enorme peso determinante, com seu amplexo férreo de algemas psíquicas e espirituais, força que ainda se manifesta na profunda simpatia com a qual, para o bem da qualidade estética das peças, os tempos e personagens idos são caracterizados, passa a ser um poder opressivo, no plano individual e coletivo, contra o qual se faz valer, cada vez mais, o *ethos* da liberdade e do futuro.

Essa luta se trava em todos os planos, muitas vezes fracassando, desviada para a anarquia, a libertinagem, corrompendo-se, impotente, em desesperança e indolência. A figura trágica do filho Marcelo, de *A Moratória*, os filhos dissolutos de *O Telescópio* adquirem, nesta perspectiva, de súbito, surpreendente atualidade. Eles antecipam e já incluem a juventude desesperada da última onda dramática brasileira, de Leilah Assunção, Consuelo de Castro, Antônio Bivar e tantos outros que dramatizam, por volta de 1970, os dilemas, angústias e movimentos de contestação da juventude, em face de um mundo que se lhes afigura sufocante, ultrapassado e opressivo.

De outro lado não surpreende que sejam particularmente figuras femininas que travam a luta emancipatória contra o mundo do patriarcalismo e da oligarquia ou que por ele são mutiladas e destruídas. Dentro deste contexto surgem mulheres como Lucília (*A Moratória*), Izabel (*Os Ossos do Barão*), Lourdes e Zilda (*A Escada*) e Camila (*Senhora na Boca do Lixo*). No caso desta última o processo de libertação é acompanhado pelo personagem masculino, o delegado Hélio (principalmente na última versão da peça que consta desta edição). Hélio, instigado por Camila, sua noiva, frustrado na sua tentativa de deter Noêmia (mãe de Camila) para impor a lei à contrabandista que financia as suas viagens com os objetos trazidos da Europa, acaba se convencendo de que age como instrumento de valores e de uma justiça corroídos, contrabandeados pela mesma oligarquia de que Noêmia é representante e de cujos laços Camila luta por libertar-se.

Em outro plano encontramos este anseio emancipatório em *Vereda da Salvação*: os agregados fanatizados pela fé messiânica buscam, eles também, libertar-se de um passado imemorial que os oprime e no seu desespero não encontram outra redenção que o transe místico e a evasão utópica. Os demônios de que querem libertar-se no mundo noturno da sua miséria não são, em última análise, tão diversos do "monstro do passado", dos "demônios familiares e culturais", dos quais procura libertar-se o dramaturgo Vicente. É traço digno de nota de que também Joaquim, o chefe místico, e os seus adeptos, se "libertam" assumindo novos papéis, numa espécie de "imitação mítica". Os meeiros, seguindo o líder espiritual transformado em Jesus, adotam nomes bíblicos, reencenando e variando a Paixão. Enquanto o dia clareia, arrancam as roupas, isto é, o hábito e com. isso os papéis de um passado que os escravizara.

A visão cada vez mais crítica do passado se reflete nitidamente no emprego crescente de recursos épico-narrativos, como tais indicadores do distanciamento e da consciência liberta e libertadora. Na última peça, *O Sumidouro*, o caráter épico se radicaliza fortemente. O personagem do dramaturgo Vicente surge em função mediadora, como o narrador que ao mesmo tempo evoca, comenta e distancia a ação dos bandeirantes. Escrevendo precisamente *O Sumidouro*, vive as cenas que, concatenadas, resultam na peça. Esta inclui, portanto, no seu enredo, o próprio processo da sua criação, evidentemente em plano fictício, da mesma forma como Vicente, embora representando o próprio Jorge Andrade, não deve ser concebido como a sua transcrição biográfica literal.

Vicente defronta-se com seu personagem Fernão Dias, chamado e materializado pela imaginação do dramaturgo-narrador, como que convocado para depor perante o tribunal da história. O personagem revive os momentos cruciais da sua aventura bandeirante, objetivado a ponto de em algumas cenas reagir às críticas do seu criador. Forçosamente se estabelece a contra e justaposição de dois horizontes de consciência, fenômeno característico do teatro épico, neste sentido em desacordo com os princípios do drama tradicional em que se admite apenas o horizonte mental dos personagens em ação. A perspectiva deles é necessariamente limitada, uma vez que se trata de seres envolvidos no círculo fechado da sua situação e dos seus propósitos e, depois, por não conhecerem, enquanto agem, o seu futuro e as conseqüências de sua ação. Isto é verdade também no que se refere ao drama histórico tradicional. Este apresenta, por exemplo, os atos de Napoleão enquanto os vive, sem conhecer os resultados da sua política. No teatro épico acrescenta-se a este horizonte restrito o do narrador, bem mais amplo, uma vez por não estar em geral envolvido na ação, podendo, pois, assumir uma atitude mais distanciada, objetiva, crítico-contemplativa, e, depois, por pertencer à posteridade e dispor das informações da história e da reflexão de gerações, tendo, pois, mais uma vez, a vantagem da distância, no caso da distância do tempo. O drama histórico, na versão épica, não será somente *de* Napoleão, mas ainda *sobre* Napoleão. Este é exatamente o caso de *O Sumidouro*: assistimos ao drama de Fernão Dias, mas, além disso, à visão crítica do narrador moderno, visão de que passa a participar o próprio bandeirante. Com efeito, Fernão se desdobra na sua ressurreição cênica, na medida em que atua como historicamente deve ter atuado e se beneficia ao mesmo tempo do horizonte mais amplo do dramaturgo.

Estruturalmente, *O Sumidouro* se aproxima de *Rasto Atrás*, mas não deixa de ter, embora de modo mais remoto, certa semelhança com *A Moratória*, pelo uso do jogo simultâneo, essencial também, por razões várias, em peças como *O Telescópio* e *A Escada*. *A Moratória* apresenta dois planos temporais, aquele em que Quim perde a fazenda, no ano de 1929, e aquele, três anos depois, em que a recuperação dos bens, através da moratória, que parece permitir a reemposse, se revela impossível. A justaposição simultânea de dois planos temporais é, evidentemente, um recurso épico. Só um narrador, no caso encoberto, pode manipular dois níveis de tempo, fazendo com que os personagens vivam simultaneamente em ambos. Na dra-

117

maturgia tradicional, em que não há esta possibilidade, os personagens avançam irremediavelmente para o futuro, como na realidade, inseridos no decurso linear do tempo, podendo apenas evocar o passado pelo diálogo, nunca cenicamente. Muito menos podem viver simultaneamente em dois planos temporais, como ocorre nesta peça. Também neste caso, embora de forma bem mais tênue do que em *O Sumidouro* por faltarem os comentários do narrador explícito, surge uma visão crítica através de um horizonte maior em face do menor. O plano temporal mais recente, mais "informado", critica o anterior; mostra as conseqüências da limitação, do autoritarismo, do orgulho de classe de Quim (o que não exclui a simpatia com que o personagem é apresentado). O curioso é que o horizonte de Quim (não dos outros) continua, no plano mais recente, essencialmente o mesmo e é precisamente nisso que reside a crítica por parte do "plano como tal", por assim dizer: o personagem pouco ou nada aprendeu. A moratória não pode impedir a decadência de uma classe condenada pela história – ela é apenas uma procrastinação. O relógio parado na parede indica que os sinos dobraram. Os dois planos temporais, que no fundo repetem a mesma situação irremediável, sugerindo a estagnação e a paralisação sem futuro, ilustram na própria estrutura simultânea (o tempo espacializado) o fulcro do tema: o tempo parado, a moratória e a sua inutilidade.

O teor de *O Sumidouro* é bem mais acentuado que o das peças mencionadas. Além do narrador explícito, acima realçado, acrescenta-se nesta obra a ampliação da cena, tanto no tempo como no espaço, ampliação bem característica do teatro épico que não respeita as tradicionais unidades de tempo e espaço. Além disso se trata – o que igualmente deve ser ressaltado – de uma "peça de moldura", isto é, a ação fundamental – o drama de Fernão Dias – é emoldurada por um pequeno enredo atual. Esse se desenrola no escritório do dramaturgo Vicente que está escrevendo a peça e vivendo os seus problemas domésticos e espirituais de escritor obcecado por idéias que não encontram aceitação fácil entre os empresários teatrais. O drama de Fernão Dias – o passado – é cenicamente atualizado, surgindo, visível, no palco, por vezes apoiado em projeções de diapositivos e filmes. O palco, isto é, o escritório onde Vicente escreve a peça torna-se o "espaço interno" da mente do autor e dentro desse espaço mental aparece, como nos sonhos, o próprio escritor ou sonhador, juntamente com os personagens históricos evocados e cenicamente materializados. O processo se assemelha, como já foi exposto, ao de *Rasto Atrás*, título que ressalta os recuos temporais na consciência do dramaturgo Vicente, a caça às raízes, a volta sobre os próprios passos até aos inícios do século, a ponto de surgirem, simultaneamente, parentes já mortos ao lado de vivos, o Vicente criança ao lado do adulto, processo de fusão e supressão dos tempos mercê do qual o público é por assim dizer forçado a experimentar a presença torturante do passado no momento atual.

Para a dramaturgia de Jorge Andrade, a manipulação livre do tempo, impossível no teatro tradicional como já foi exposto, é recurso fundamental, visto que sua obra é, em essência, escavação do passado, rasto atrás, volta às origens, iluminação crítica do passado pelo presente e do presente pelo passado. Esta vivência extremamente aguçada e hipersensível do tempo e do processo histórico e genealógico é indicada pelo título geral do ciclo que realça o relógio e a árvore. O símbolo do relógio, irredutível a definições e conceitos unívocos justamente por ser símbolo, refere-se tanto à temática como aos processos dramáticos do ciclo. O relógio parado ou quebrado alude ao tempo estagnado da decadência, à indolência e incapacidade de ação, a uma relação destorcida para com a realidade. De acordo com isso, Mariana, avó de Vicente em *Rasto Atrás*, mulher ativa, realista e vital, adversária dos homens sonhadores e marginais que, acompanhados do som da flauta, se refugiam na caça a luas e "unicórnios", exclama com veemência: "Dá corda ao relógio. Não gosto de relógio parado". Também a árvore faz parte deste contexto. Sugerindo as raízes, a gênese, a visão orgânico-histórica que associa o crescimento e o futuro às origens, enquanto evoca o movimento cíclico das estações, a periodicidade de florescimento e fenecimento, a agonia do inverno e a ressurreição primaveril, ela representa também, e sobretudo, o peso do passado e das gerações de ancestrais do qual tantos personagens procuram libertar-se. Em *As Confrarias* e *O Sumidouro* há personagens que são enforcados "na" árvore. Num sentido menos literal não é pequeno o número de caracteres que se sentem estrangulados por ela, que sentem, como diz Vicente a Fernão Dias, "cipós enrolados nos pescoços como colares. Impotentes, sem movimentos, paralisados pelo curare que não sabem de onde vem".

A mesma liberdade épica se nota, em *O Sumidouro*, na ruptura da tradicional unidade de lugar (esta, aliás, rigorosamente observada na "tragédia clássica" que, também pelo estilo, pelo uso do coro e pela movimentação hierática, é a peça *Pedreira das Almas*). Embora o único lugar ficticiamente real de *O Sumidouro* seja o escritório do dramaturgo, o drama de Fernão Dias (imaginado pelo escritor) é inserido no vasto contexto da política universal, visualizada pela presença cênica da corte portu-

119

guesa e do gabinete de trabalho do Papa Inocêncio XI. No palco ou na consciência de Vicente lugares e tempos se interpenetram; o dramaturgo, autoprojetado para o século XVII, faz participar Fernão Dias da crítica visão contemporânea do empreendimento bandeirante. Torna-se, como narrador, uma espécie de Virgílio dantesco, guia do herói, mostrando-lhe os conluios da política de então de que ele, Fernão, é mero instrumento. Mas a descida no fundo da história e do drama de Fernão é, ao mesmo tempo, um ato de autodescoberta. "A gente desce dentro dos outros, e quando chega lá embaixo, encontramos nosso próprio rosto, tudo o que somos."

A verdade, entretanto, tem de ser escavada debaixo de montes de mitos e ficções acumulados pelos "historiadores medíocres". Vicente "fica por conta" ao ver o filho "ser educado em conceitos que ninguém, com um pouco de inteligência, aceita". O que importa é que "meus filhos vivam no mundo de hoje..." Daí a convocação de Fernão Dias, a investigação das circunstâncias da famosa bandeira à serra das esmeraldas e das razões que o levaram a executar o filho mameluco. Há, como diz Vicente dialogando com Fernão, sua "mais querida personagem", muitas maneiras de matar um filho. "Permitindo que os meus sejam criados na mentira, eu também estarei matando." Todavia, Fernão será, de fato, o personagem mais querido? Por vezes se tem a impressão de que o preferido é o filho José Dias. Marginal como o ator José, em conseqüência da sua ascendência dúplice, ele se sente, apesar de amar o pai, menos ligado aos valores defendidos por ele. Por isso se mostra mais inclinado a ver o sofrimento dos índios escravizados e a se empenhar pelos interesses da colônia em face do reino. A dupla lealdade, razão da sua lucidez, acaba por torná-lo traidor do reino, isto é, rebelde leal ao povo da colônia. Com o mesmo *ethos* do ator José exclama que "não posso ser livre, quando existe alguém escravo".

A enfocação crítica, desmistificadora, do passado e do grande empreendimento bandeirante de modo algum visa a destruir a imagem de Fernão Dias. Esta permanece intata, aprofundada e humanizada tanto pela visão crítica como pela arte do dramaturgo. Ainda assim, é decantada das brumas do mito e dos clichês dos "historiadores medíocres". O próprio Fernão Dias terá de convencer-se de que foi usado por reis, papas e padres, de que se tornara joguete de interesses estranhos aos da colônia.

Entretanto, a peça é sumamente dialética. A verdade de José Dias é apenas parcial; também as razões do pai merecem respeito: a verdade está no todo, como diria Hegel. A procura da riqueza a que Fernão sacrificou sua vida, embora inoportuna na ocasião, é justa e certa: "Se Deus pôs no mundo, é para ser buscado", "a justiça dos homens devia castigar, onde há gente necessitando do que o mundo contém, e não é usado". Fernão Dias "estava certo, num mundo errado". No fundo trata-se de "duas procuras", mas de "só uma verdade". Se José Dias afirma, com razão, que "cada pedra que achar, será transformada em colar no reino, e em corrente de ferro, aqui", Fernão Dias insiste com igual razão em que não pode interromper a procura, da mesma forma — pode-se acrescentar — como um cientista, hoje, não a pode interromper porque o achado poderia servir a desígnios malignos. Diz Fernão que "a serra será para todos", isto é, ela *deve* ser para todos e ao fim ela de fato será; por isso, "o que é erro, hoje, é certo, amanhã". Nem Fernão, nem o cientista podem deixar de procurar, mesmo sabendo que estão "certos, num mundo errado".

Fernão e José Dias no fundo estão à procura, à caça dos mesmos ideais, muito próximos um do outro e muito distantes. Na relação de ambos volta a de Vicente com seu pai João José, de *Rasto Atrás*, ambos distantes e próximos, cada qual à sua maneira desligado da realidade imediata, vivendo à caça de um mundo mais puro ou, como diz nesta peça a tia Etelvina a Vicente: "Você fez da sua inclinação (de escrever) o mesmo que seu pai, das caçadas, um meio de fugir para um mundo só de vocês". Com a diferença de que a fuga para o mundo de Vicente, situado no reino simbólico da arte, se é afastamento da realidade imediata, significa ao mesmo tempo reencontro, interpretação e conquista da realidade. Só aparentemente se trata, no caso, de uma fuga para um mundo particular e segregado, visto a arte, tal como concebida por Vicente, ser plataforma de comunicação e de solidariedade, revelação da verdade.

Vicente, de *Rasto Atrás*, quase destruído por João José, como o é, literalmente, José Dias por Fernão (enquanto ambos, por sua vez, quase destroem os pais profundamente amados), sente-se tão "traidor" como o mameluco — traidor do reino por lealdade ao povo da colônia, isto é, traidor do mundo ultrapassado (que, no entanto, não pode deixar de amar) por lealdade a um mundo novo, mais amplo, mais humano, mais justo. O ciclo, no seu todo, é a obra de um inconfidente, cujo coração sangra no ato da rebelião pela qual se aparta do grupo a que pertence e que representa o passado. É à sua mulher Lavínia, prática, realista e terrena como tendem a ser as mulheres do ciclo, que Vicente acredita dever a sua vitória: "Você me ensinou a enterrar os mortos".

121

Em outra parte diz a palavra que é um lema: "Olhei à minha volta, vi como as pessoas viviam, compreendi como tinham direito de viver e escrevi sobre a diferença". Vicente é, naturalmente, uma projeção fictícia do autor, não a sua reprodução biográfica. Ainda assim se pode dizer do autor real: o filho pródigo *não* voltou ao passado da casa paterna, à sombra da "árvore"; mas na sua procura, que não terminará, encontrou acolhimento, consolo, alimento e resposta na realidade maior e no futuro mais amplo da nação.

ANATOL ROSENFELD NA PERSPECTIVA

Texto/Contexto I (D007)
Teatro Moderno (D153)
O Mito e o Herói no Moderno Teatro Brasileiro (D179)
O Pensamento Psicológico (D184)
O Teatro Épico (D193)
Texto/Contexto II (D254)
História da Literatura e do Teatro Alemães (D255)
Prismas do Teatro (D256)
Letras Germânicas (D257)
Negro, Macumba e Futebol (D258)
Thomas Mann (D259)
Letras e Leituras (D260)
Na Cinelândia Paulistana (D282)
Cinema: Arte & Indústria (D288)
Preconceito, Racismo e Política (D322)
Judaísmo, Reflexões e Vivências (D324)
Brecht e o Teatro Épico (D326)
Teatro em Crise (D336)
Estrutura e Problemas da Obra Literária (EL01)
Mistificações Literárias: "Os Protocolos dos Sábios de Sião" (EL03)
Anatol 'On the Road' (P22)

Este livro foi impresso na cidade de Cotia,
nas oficinas da Meta Brasil, para a Editora Perspectiva.